प्रोफ़ेसर की डायरी

उच्च शिक्षा की अनकही कहानी

युवान
बुक्स

अनबाउंड स्क्रिप्ट का उपक्रम

प्रोफ़ेसर की डायरी

प्रथम संस्करण : 8 फरवरी, 2024
द्वितीय संस्करण : 12 फरवरी, 2024
तृतीय संस्करण : 23 फरवरी, 2024
चतुर्थ संस्करण : 29 फरवरी, 2024
पाँचवाँ संस्करण : 13 मार्च, 2024
छठा संस्करण : 6 सितम्बर, 2024
सातवाँ संस्करण : 25 नवम्बर, 2024

ISBN : 978-81-19745-53-1

प्रकाशक : अनबाउंड स्क्रिप्ट
2/41, अंसारी रोड,
दरियागंज, दिल्ली-110002

वेबसाइट : **www.unboundscript.com**
ई-मेल : **books@unboundscript.com**
फोन : **011-35807601**

मुद्रक : यश प्रिंटोग्राफिक्स, नोएडा, उत्तर प्रदेश

Professor Ki Diary *by* Dr. Laxman Yadav

मूल्य : ₹ 249/-

प्रोफ़ेसर की डायरी

उच्च शिक्षा की अनकही कहानी

डॉ. लक्ष्मण यादव

युवान
बुक्स

रोहित वेमुला

और

उन जैसी अधूरी रह गयीं

अनगिनत संभावनाओं के नाम

कुछ लोग तुम्हें समझाएँगे,
वो तुमको ख़ौफ़ दिखाएँगे,
जो है वो भी खो सकता है।
इस राह में रहजन हैं इतने,
कुछ और यहाँ हो सकता है।
कुछ और तो अक्सर होता है,
लेकिन तुम जिस लम्हे ज़िंदा हो,
वह लम्हा तुमसे ज़िंदा है,
यह वक़्त नहीं फिर आएगा।
तुम अपनी करनी कर गुज़रो,
जो होगा देखा जाएगा।

- फ़हमीदा रियाज़

भूमिका

क़लम और किताबें इंसान की नायाब उपलब्धि हैं। मेहनतकश हाथों ने दुनिया को गढ़ा तो क़लम वाले हाथों ने इसमें रंग भरे। हम जिसे भारत कहते हैं, उस बहुरंगी संस्कृति को किसान-कामगार, शिल्पकार और बुद्धिजीवियों ने हज़ारों साल में रचा है। बुद्धिजीवी किसान-कामगार तबकों से आते हैं और अंततः उन्हीं के लिए बोलते हैं। भारत को विश्वगुरु की जिस छवि में देखने की कोशिश की जाती है, उसे किसने रचा था? इतिहास इसे जितना भी नज़रअंदाज़ करे मगर ये संस्कृति बहुसंख्यक किसान कामगार वर्ग ने रची है। विशाल लोक-साहित्य के रचयिता कौन थे? मंदिरों को बनाने वाले लोग कौन थे? कौन थे ख़ूबसूरत मूर्तियों को गढ़ने वाले लोग? कौन थे जिन्होंने मिट्टी और लकड़ी से अनूठी नक़्क़ाशियाँ कीं? महलों से लेकर राज-सिंहासनों को बनाने वाले राजगीर कौन थे? आकर्षक आभूषण किसने बनाए? सड़कों से लेकर संसद के खंभों तक को किसने गढ़ा?

विश्वगुरु की छवि में जितने भी रंग हैं, उसे हमने ही भरा है। इस विश्वगुरु की छवि में गुरुओं की वास्तविक स्थिति क्या है? और इन 'गुरुओं' में किसान-कामगार, शिल्पकार और दलित वंचित तबकों की हिस्सेदारी कितनी है? क्या हम अपने स्कूल, कॉलेज, विश्वविद्यालयों के दरवाज़े सबके लिए खोल सके? क्या हमने क़लम और किताब को हर हाथ तक पहुँचाया? क्या हमारे मुल्क़ के तालीमी-इदारे आज भी नाज़ करने लायक़ बचे हैं? इन सवालों पर ईमानदारी से बात करना विश्वगुरु होने की गुंजाइश के साथ असल में इंसाफ़ करना है।

नज़र की ईमानदारी का तक़ाज़ा है कि हम उतनी ही हक़ीक़त न देखें, जितना सत्ता दिखाती हो। जागरूक नागरिक होने की शर्त है कि आप उस हक़ीक़त से भी रूबरू हों, जो असल में छिपाई जाती है। वह हक़ीक़त, जिसे अक्सर बयाँ नहीं,

केवल बर्दाश्त किया जाता है। इतिहास अमूमन हुक़ूमत के हक़ में खड़े होकर लिखा जाता है, जो दरअसल मुकम्मल नहीं होता। तारीख़ी इबारत में हाशिए के क़िस्से नज़रअंदाज़ कर दिये जाते हैं। मगर एक समय ऐसा आता है जब इतिहास से बहिष्कृत हिस्से अपने अनकहे क़िस्सों के साथ आ धमकते हैं। चिनुआ अचेबे के शब्दों में कहें तो 'जब तक हिरण अपना इतिहास ख़ुद नहीं लिखेंगे, तब तक हिरणों के इतिहास में शिकारियों की बहादुरी के क़िस्से गाये जाते रहेंगे।'

यह किताब विश्वगुरु के दावे के बीच गुरुओं व अकादमिक संस्थाओं, ख़ासकर विश्वविद्यालयों के हिस्से की थोड़ी सी हक़ीक़त कहती है। यह क़िस्सा एक एडहॉक प्रोफ़ेसर की नज़र से देखी गयी दुनिया का क़िस्सा है। मैंने लगभग दो दशक के अपने अकादमिक जीवन में जो कुछ अनुभव किया, उसे कभी किसी नोटबुक में तो कभी किसी किताब के ख़ाली पन्नों के बीच लिखता गया। कहीं तारीख़ें लिख डालीं तो कहीं किसी आँखों देखी घटना को दर्ज कर लिया। कभी कोई हृदय-विदारक बात हुई तो उसे कहीं लिख कर सहेज लिया। कभी किसी चुहल को नोट कर लिया। हम पहली पीढ़ी के दलित बहुजन तबके से आये हुए लोगों के पास अकादमिक ज़िंदगी में ऐसे अनगिनत अहसास होते हैं। वक़्त बदला तो अहसासों के इन बिखरे पड़े नोट्स और टिप्पणियों को एक जगह सहेजकर किताब बना दी है। हृदय की आँखों से लिखा गया हमारा अपना इतिहास।

इस किताब में विश्वविद्यालयों से लेकर स्कूलों तक में काम कर रहे अनगिनत अस्थायी शिक्षकों के रोज़मर्रा के अहसास हैं। इन अस्थायी शिक्षकों को एडहॉक प्रोफ़ेसर, गेस्ट टीचर, शिक्षा मित्र, नियोजित शिक्षक, संविदा शिक्षक जैसे जाने कितने नामों से जाना जाता है। यह किताब इन अलग-अलग नामों की साझा कहानी है, जिनका काम एक ही है- पढ़ना और पढ़ाना। एक ऐसा पेशा, जिसमें शिक्षक को छोड़ सब कुछ परमानेंट होता है। सिलेबस, स्टूडेंट, पढ़ाई-लिखाई, नोट्स, चॉक, डस्टर, मार्कर, बिल्डिंग, एग्जाम, इवेंट्स, ड्यूटीज़ सब कुछ परमानेंट; मगर इनकी बुनियाद में खड़ा एक शिक्षक ख़ुद परमानेंट नहीं होता।

आज हमारे देश की शिक्षा व्यवस्था वेंटिलेटर पर है, जिसे अस्थायी शिक्षकों के ज़रिए ऑक्सीजन दिया जा रहा है। मैं देश की राजधानी के एक प्रतिष्ठित केंद्रीय विश्वविद्यालय में तक़रीबन चौदह साल तक एडहॉक असिस्टेंट प्रोफ़ेसर रहा। मैंने जो कुछ देखा, उसे कहना बहुत जोख़िम भरा है। 'भीड़' बन जाना हमारे दौर की नियति बना दी गयी है। भीड़ का हिस्सा होने से इंकार करते हुए यह किताब आपके हाथों में है। यह जानते हुए कि इसके बाद मुश्किलें और ज़्यादा बढ़ जाएँगी। मैं यह जोख़िम उठाना चाहता हूँ क्योंकि यह बच्चों के भविष्य से जुड़ा है।

बहुसंख्यक दलित, पिछड़े, आदिवासी, पसमांदा और वंचित-शोषित तबक़े के बच्चे जब पहली बार उच्च शिक्षा तक पहुँचने लगे, तभी इन्हें साज़िशन बर्बाद किया जा रहा है। एक सुनहरा भविष्य क़लम और किताब से बनता है। आपके बच्चे अच्छी शिक्षा पाएँगे तभी आपको बेहतर कल दे पाएँगे। स्कूल, कॉलेज, विश्वविद्यालय में जाकर ये समझेंगे तो सवाल करेंगे। पढ़ेंगे तो लड़ेंगे। इसीलिए विश्वविद्यालयों के 'क़द' घटाये जा रहे हैं ताकि इबादत घरों की सियासत बुलंद रहे। विश्वविद्यालय जर्जर होंगे तभी नौजवानों को मंदिर-मस्जिद में उलझाने की साज़िश क़ामयाब होगी। जब नये विश्वविद्यालय खोलने की फ़िक्र होनी चाहिए तब नये इबादत घर बनवाये जा रहे हैं।

देश की कमोबेश सभी अकादमिक संस्थाओं में आधे से अधिक शिक्षकों के पद खाली पड़े हैं। इनमें भी आरक्षित कोटे के नब्बे फ़ीसदी से ज़्यादा पदों पर स्थायी नियुक्तियाँ ही नहीं हुईं। आप अपने गाँव-क़स्बे के आस-पास सरकारी स्कूलों की बदहाली देख ही रहे होंगे। विश्वविद्यालयों और डिग्री कॉलेजों का हाल भी इससे बेहतर नहीं है। चंद केंद्रीय विश्वविद्यालयों और कुछेक डिग्री कॉलेजों को छोड़ दें तो भारत के सरकारी शिक्षण संस्थान अपने सबसे बुरे दौर में हैं। अधिकांश के पास न तो इमारतें हैं और न शिक्षक। सब कुछ अच्छा है मगर कागज़ों पर। कागज़ों पर इमारतें, कागज़ों पर शिक्षक, कागज़ों पर शिक्षा और उन्हीं कागज़ों पर बँटती डिग्रियाँ। बी.एड. और इंजीनियरिंग कॉलेजों के खुलने और बंद होने की त्रासदी से आप वाक़िफ़ होंगे। इसे पढ़ते हुए अपने आस-पास के सरकारी स्कूल, डिग्री कॉलेज और विश्वविद्यालयों को याद कीजिए।

शिक्षा का क्षेत्र बहुत व्यापक है; परिवार, स्कूल, कॉलेज से लेकर विश्वविद्यालयों तक फैला हुआ। यह किताब शिक्षा जगत की मुकम्मल हक़ीक़त का दावा नहीं करती है। यह उतनी हक़ीक़त है जितनी मेरे हिस्से आयी। हर अस्थायी शिक्षक की दास्तान हू-ब-हू ऐसी ही नहीं होगी। किसी महिला शिक्षिका के क़िस्से इससे कहीं ज़्यादा त्रासद होंगे। किसी वंचित-शोषित पहली पीढ़ी के अस्थायी शिक्षक की त्रासदी इससे भयावह होगी। यह किताब देश की राजधानी दिल्ली में तमाम सुविधाओं के बीच बैठकर लिखी गयी है। गाँवों-कस्बों में इससे ज़्यादा मुश्किलें झेल रहे अस्थायी शिक्षकों के क़िस्से इससे कई गुना ज़्यादा भयावह होंगे।

इस दौर में बोलने की कीमत चुकानी पड़ती है। सवालों से घबराने वाली सत्ताएँ चाहती हैं कि सवाल पैदा करने वाली जगहों को ही कमज़ोर कर दिया जाये। इसलिए अब सत्ता की कोशिश है कि शिक्षक हमेशा डर में रहें। एक डरा

हुआ शिक्षक अपनी कक्षाओं में रीढ़-विहीन विद्यार्थी तैयार करता है, जो समाज में जाकर मुर्दा नागरिक में तब्दील हो जाता है। हमारे पुरखा सतगुरु कबीर ने कहा है-

'साधो, देखो जग बौराना।
साँची कहौ तौ मारन धावे झूँठे जग पतियाना।'

आम आवाम के बीच अपना यक़ीन खो चुकी राष्ट्रीय मीडिया की ख़बरों में अब शिक्षा की चिंता कहाँ बची है? कैंपस ख़बर में तब आते हैं जब उनकी इमारतों के गिरने की सूचना मिले या पुलिस के आँसू गैस और लाठियों के चलने की आवाज़ें आयें। अख़बार व पत्रकार जब अपना ही ज़मीर न बचा सके तो वे शिक्षा व शिक्षकों को क्या ही बचा पाते!

आप इस किताब को पढ़ते हुए दिन, महीने, साल को क्रमशः गुज़रते हुए महसूस करेंगे। कई सालों के क़िस्से महीनों में और कई महीनों के क़िस्से कुछ दिनों की तारीख़ में कह दिए गये हैं। पढ़ते वक़्त कब साल गुज़र जाएँगे, आपको पता ही नहीं चलेगा। मगर इस वक़्त को जब हम जी रहे थे तो हमें हर लम्हा अहसास होता जा रहा था। इस डायरी में अधिकांश संस्थाओं और व्यक्तियों के नाम बदल दिये गये हैं। इसकी वजह किसी क़िस्म का डर या भय नहीं है। ऐसा इसलिए किया गया है ताकि किसी विवाद या सनसनी की बजाय लोगों का ध्यान मूल परिघटनाओं और सरोकारों पर जा सके।

आज तीन जनवरी है- शिक्षा-ज्योति सावित्रीबाई फुले का जन्मदिन। उनकी स्मृतियों को नमन। आज के दिन किताब पूरी करते हुए मुझे बेहद ख़ुशी है। उन दोस्तों का आभार, जिन्होंने जबरिया मेरी डायरी के पन्नों, टिप्पणियों और नोट्स को संयोजित करवाया। अपने संपादक और प्रकाशक का आभार, जिन्होंने इसे एक व्यवस्थित और ख़ूबसूरत किताब बना दिया।

डॉ. लक्ष्मण यादव

सावित्रीबाई फुले जयंती

3 जनवरी, 2024

अगस्त, 2010

यूँ शुरू हुई कहानी

बारिश की एक शाम। फुहारों से भींग चुकी मिट्टी की सोंधी ख़ुशबू हवा में तैर रही है। दिल्ली आये साल भर से ज़्यादा हो गये मगर भींगी मिट्टी की ख़ुशबू का महसूस होना अभी तक बरकरार है। बारिश में नहाये पत्तों से सजे नीम, आकाशचंपा और सप्तपर्णी के पेड़ों की क़तारें ओवरटाइम करते गार्ड की तरह लग रही हैं। अजय और मैं हडसन लेन से पैदल नॉर्थ कैंपस जा रहे हैं, रघु दा से मिलने। मेरे कई दोस्तों ने मशविरा दिया कि पीएच.डी. के साथ-साथ एडहॉक के लिए भी कोशिश शुरू कर देनी चाहिए।

'एडहॉक'! मैंने यह लफ्ज़ इसी मौसम में एक ख़ास किस्म की गंभीरता से महसूस किया। अब तक 'एडहॉक' के बारे में कुछ ख़ास पता नहीं था मगर दोस्तों के मशविरों ने इसे लेकर एक दिलचस्पी पैदा कर दी। लिहाज़ा अजय से बात की। तय हुआ, शाम को कैंपस चलेंगे। रघु दा इस पर बात करने के लिए बसे मुफ़ीद शख़्स हैं। अकादमिक ज़िंदगी के इस मुक़ाम पर निर्णय लेने की ऊहापोह थी। तमाम तरह की उलझनें लिए रघु दा से मिलने दिल्ली विश्वविद्यालय के नॉर्थ कैंपस पहुँच गये। मेरे कुछ कहने से पहले अजय बोल पड़ा-

'रघु दा! लक्ष्मण को एडहॉक के सिलसिले में आपसे कुछ बात करनी है।'

'अच्छा लक्ष्मण, बताओ क्या सोच रहे हो?'

'दरअसल कल झलकारी बाई कॉलेज में एडहॉक का इंटरव्यू देने गया था। बोर्ड ने दो मिनट में दो अजीब से सवाल करके कहा कि अभी बच्चे हो, जाओ और पढ़ाई करो। अब इसे लेकर गंभीरता से सोच रहा हूँ। मगर इसके बारे में कुछ ख़ास पता नहीं है तो आपसे बात करने आ गये। यह एडहॉक का पूरा मामला क्या है?'

दरअसल मैं असहज था। कल तक मैं एक विद्यार्थी था और आज शिक्षक बनना चाहता था। यह ख़्याल रोमांच से भर रहा था। अपने कई उम्दा शिक्षकों व शानदार प्रोफ़ेसरों को क़रीब से देखते हुए मन के किसी कोने में पढ़ाने की एक हसरत शुरू से थी। मगर कैसे? किताबों, विचारों और दुनिया भर के सिद्धांतों की उलझी गलियों से तो मैं वाकिफ़ था मगर शिक्षक बनने के नये रास्ते मेरे लिए एकदम अनजाने थे। रघु दा अपने अनुभवों से कविता की परतों की मानिंद हमारी उलझनों को सुलझाने लगे-

'पता है लक्ष्मण! हर साल बारिश का यह मौसम डीयू में नये एडहॉक बनने की गुंजाइश लेकर आता है। डीयू के तमाम कॉलेज प्रोफ़ेसर बनने के कैरियर के लिहाज़ से उर्वर खेत हैं। डीयू के इन कॉलेजों में हर साल सैकड़ों पद ख़ाली होते हैं, ढेर सारे प्रोफ़ेसर छुट्टी पर जाते रहते हैं; उनकी जगह पर अस्थायी असिस्टेंट प्रोफ़ेसर चुने जाते हैं। चार-चार महीने के लिए रखे गये इन शिक्षकों को यहाँ 'एडहॉक' कहते हैं। कहने वाले कहते हैं कि अगर एक बार एडहॉक प्रोफ़ेसर बन गये तो बहुत जल्दी परमानेंट हो जाओगे। अगर तुम भी चाहते हो तो ट्राई कर लो। हालाँकि याद रखना, यह ऐसा समंदर है जिसके किनारे सबको नहीं मिला करते।

रघु दा के साथ हम ऐसे तमाम 'सत्संग' करते आये हैं। वह किसी भी मसले को समग्रता में देखते हैं। बाबाई नूर है उनमें। 'सत्य' का ऐसा संग, जो असल में 'आउट ऑफ सिलेबस' होकर भी असल सिलेबस हुआ करता है। आज जब रघु दा ने एडहॉक होने को इश्क़ से जोड़ा तो मैं उसकी गहराई में उतरता चला गया। मुझे नहीं पता कि अजय ने कौन सी बात पकड़ी, मुझे तो इश्क़ वाली बात छू गयी। लगा कि इश्क़ जैसा अलहदा और ख़ूबसूरत अहसास ही तो है एडहॉक होना। भले मुश्किल है तो क्या! हम जैसों के लिए इश्क़ भी कब आसान हुआ !

अकादमिक दुनिया को समझने की यह मेरी पहली अनौपचारिक क्लास थी, जो नॉर्थ कैंपस की सेंट्रल लाइब्रेरी के लॉन से शुरू होकर चाय की टपरी तक जाकर स्थगित होने वाली थी। अकादमिक दुनिया की ऐसे 'सत्संग' वाली कक्षाएँ पूरी ही कहाँ होती हैं! फ़िलहाल बाबा आज अपने पूरे रौ में हैं। उनका अनुभव सहज प्रवाह में बहा जा रहा है। स्पॉन्टेनियस ओवरफ़्लो ऑफ पावरफुल 'एक्सपीरिएंस'! वह विलियम वर्ड्सवर्थ की रोमांटिक कविताओं को खोलने की मानिंद कहते जा रहे हैं-

'प्रोफ़ेसरशिप के लिहाज़ से डीयू सबसे बड़ा खेत है। जब खेत है तो कोई इसका ज़मींदार, कोई साहूकार, कोई किसान, कोई बंधुआ मजदूर होगा ही। सिलेबस इसका खाद-बीज है। खेत का आकार बढ़ा नहीं मगर इस पर निर्भर लोगों

की तादाद बढ़ती गयी। यहाँ हर शख़्स अपनी जगह बनाने में लगा रहता है। सब दौड़े जा रहे हैं- किसी को सहारा देकर तो किसी को धकिया कर। प्रोफ़ेसर बनने की ख़्वाहिश लिए लोग सावन के इन महीनों में डीयू के कॉलेज-कॉलेज घूमना शुरू कर देते हैं। अब तुम सब भी इसमें शामिल होना चाहते हो। अच्छा है। कोशिश ज़रूर करनी चाहिए।'

रघु दा यानी रघुवर प्रसाद, यूपी के ग़ाज़ीपुर से हैं। हिन्दी की अकादमिक दुनिया का एक चर्चित नाम हैं रघु दा। जेएनयू के दिनों से ही जाने कितने लोगों ने सिनॉप्सिस से लेकर पीएच.डी. लिखने के लिए उनकी संगत की होगी। अपने विषय पर गहरी पकड़ रखने वाले रघु दा की अकादमिक दुनिया में वह पकड़ ढीली थी जो उन्हें प्रोफ़ेसर की एक पक्की नौकरी दिला देती। रघु दा नायाब शख़्स हैं। इलाहाबाद विश्वविद्यालय से बी.ए. बीएचयू से एम.ए. और जेएनयू से पीएच.डी. की। जेएनयू में शोध पूरा करने के बाद कैंपस तो छूटा मगर मोह न छूटा तो मुनिरका में रहने लगे। बीच- बीच में डीयू के किसी कॉलेज में एडहॉक या गेस्ट के रूप में पढ़ाने को मिल जाया करता। कुछ दिन बाद इधर नॉर्थ कैंपस के पास संत नगर, बुराड़ी में ही अस्थायी तौर पर रहने लगे। असल में उनके एक रिश्तेदार यहीं रहकर सिलाई का काम करते हैं। उनके साथ रहकर रघु दा भी कभी कभी कपड़ों की सिलाई तुरपाई कर देते किसी मजबूरी में नहीं, शौक़िया। उन्हें सुई-धागे से बड़ी मोहब्बत है। अक्सर वे कहा करते-

'ये दुनिया चिथड़ा होती जा रही है। तुरपाई करके ही हम इसे बचा सकते हैं। अकादमिक दुनिया उधड़ते जा रहे हमारे ख़्वाबों को दर्जी की मानिंद तुरपाई करना सिखाती है।क़लम सभ्यता के सृजन की सुई है।'

एक दफ़ा रघु दा ने ज़िक्र किया कि उन्हें सुदेश महतो की बहुत याद आती है। सुदेश उनके बैच का टॉपर था। उसकी दो किताबें और कई लेख प्रकाशित थे। हम एक साथ दिल्ली आये थे। झारखंड के बिना सड़क वाले इलाक़े से दिल्ली की चमचमाती सड़कों तक आना बड़ी बात थी। बीएचयू में दोस्ती हुई। जेएनयू आने का मौका मिला तो सपनों की ट्रेन पर बैठकर उम्मीदों के शहर दिल्ली आ गये। प्रोफ़ेसर का मतलब हमारे लिए समाज की वह रीढ़ था जो रीढ़ वालों को पैदा करता है। मगर यहाँ हमने लोगों को रेंगते देखा। सुदेश खरा शख़्स था। उसे यह सब रास नहीं आया। जाने कहाँ ग़ायब हो गया। क़ामयाब लोगों को कई क़िस्म के जलसों में बुलाकर जश्न तो होते हैं मगर ये कैंपस उन्हें कभी याद नहीं करते, जो लौट गये या ग़ायब हो गये।

डीयू कैम्पस में बैठकर अकादमिक दुनिया के अंदरखाने की सच्चाइयों से रूबरू होने का यह पहला पाठ था। ख़्वाबों के जिस आशियाने में अपना एक कोना सजाने की ख़्वाहिश लेकर आए थे, उसके अनसुने अफ़साने सुन रहे थे। रघु दा ख़ुद भी कई कॉलेजों में एडहॉक पर पढ़ा चुके हैं। फ़िलहाल बेरोज़गार हैं। 'वैसे कहाँ का इंटरव्यू है ?' रघु दा के पूछने पर मैंने कहा- 'मौलाना आज़ाद दिल्ली कॉलेज'। सुनते ही रघु दा बोल पड़े-

'अरे वाह। कॉलेज नहीं, कॉलिज है वह। एशिया का तीन सौ साल पुराना तालीमी-इदारा। चार महीने मैंने भी वहाँ गेस्ट पढ़ाया है। दिल्ली के दिल पर खड़ा यह कॉलेज एक ज़माने में मदरसा हुआ करता था। उसके बाद दिल्ली कॉलेज के नाम से विज्ञान और साहित्य की पढ़ाई का केंद्र बना। 1857 से लेकर 1947 को अपनी आँखों के सामने गुज़रते हुए देखा है इसने। इसकी लाइब्रेरी ऐसी कई लपटों से बच गयी। हाल के दिनों में वहाँ कई अच्छी नियुक्तियाँ हुईं हैं। ज़रूर जाना।'

दूसरी चाय निपटा कर हम लौटने लगे। जीटीबी नगर की रेड लाइट से मुखर्जी नगर के लिए ऑटो पकड़ी। मेरी दिलचस्पी और बढ़ गयी। अजय एडहॉक के तीन इंटरव्यू दे चुका था इसलिए सीनियर की तरह समझाते हुए बोला-

'टेंशन न लो यार। जो होगा, अच्छा होगा। हम भी इसी डीयू में परमानेंट प्रोफ़ेसर बनकर रहेंगे।'

कमरे पर पहुँचा। सोने से के पहले ख़ुद को तैयार किया कि एक और कोशिश करके देखते हैं। दोस्तों ने तय किया कि सुबह दस बजे कॉलेज में ही मिलेंगे।

कॉलेज नहीं, कॉलिज।

31 अगस्त, 2010

दरवाज़े पर दस्तक

तय वक़्त पर इंटरव्यू देने कॉलेज पहुँच गया। पहुँचकर पता चला कि सब दोस्त दगा दे गये। अजय ने फ़ोन पर बोला कि उसे कोई ज़रूरी काम आ गया इसलिए वह नहीं आएगा। महेश ने फोन ही नहीं उठाया। विमल फोन पर ही सुनाने लगा कि इतने इंटरव्यू देकर मैं निराश हो चुका हूँ। तुम्हारी अभी शुरुआत है, दे लो। मैं अकेला पड़ गया। सोचा, मैं भी लौट चलूँ। फिर लगा कि आ गये हैं तो इंटरव्यू देते हैं। होना न होना बाद की बात है।

प्रिंसिपल ऑफ़िस के सामने बैठा अपनी बारी का इंतज़ार करने लगा। आँखें दरवाज़े पर टिकी थीं और मन डरावने ख़यालों में। साथ न आने वाले दोस्तों पर गुस्सा आ रहा था। तभी बग़ल में बैठे शख़्स ने पूछा-

'आपका नाम?'

'लक्ष्मण, और आपका?'

'डॉ. मोहम्मद शाकिर। कहाँ से हैं आप?'

'मैं डीयू से ही पीएच.डी. कर रहा हूँ और आप?'

'मैं एएमयू, अलीगढ़ से हूँ। आप यहीं से हैं, फिर तो आप सब जानते होंगे। क्या माहौल है इधर का? कितने इंटरव्यू दिये हैं अब तक आपने?

'माहौल का तो कुछ पता नहीं है। मेरा तो यह दूसरा ही इंटरव्यू है और आपका?

वह शख़्स मुस्कुराते हुए कहने लगा-

'मत पूछिए यह सवाल। हमने इतने इंटरव्यू दिये हैं कि अब आदत सी हो गई है। डिग्री कॉलेजों से लेकर स्कूलों में पढ़ाया है। जैसे लगता है कि सारी उम्र इंटरव्यू देते ही बीत जाएगी। किसान परिवार से निकलकर प्रोफ़ेसर बनने का ख़्वाब देख लिया और ऊपर से... ख़ैर छोड़िए।'

इंटरव्यू वाली बात कल रघु दा भी कर रहे थे। ज़ेहन में धूप और बारिश साथ हुए जा रही थी। तभी अभ्यर्थी के लिबास में चलकर आये एक सुपर सीनियर सुकेश कुमार, जो शाकिर के परिचित थे, दार्शनिक अंदाज़ में बोले-

'माहौल तो ये है शाकिर भाई कि इंटरव्यू लेने का दिखावा किया जाता है। यहाँ इंटरव्यू शुरू होने के पहले ही रिज़ल्ट तय हो जाते हैं। कुछ बड़ी कुर्सी वाले लोग आपसी समझौता कर चुके होते हैं कि यहाँ 'क' को करना है, 'ख' का बाद में कहीं देख लेंगे। बस हमें आपको पता नहीं लगने देते। बनावटी सवाल पूछते हैं। हमारे जवाब सुनने का अभिनय करते हैं। हमारी बेचारगी पर कहीं हँसी न आ जाये उन्हें, इसका पूरा ख़्याल रखते हैं। तमाशा है भाई ये सब।'

अपनी अकादमिक ज़िंदगी का दूसरा इंटरव्यू देने आया हूँ और यह सब सुन रहा हूँ। शाकिर ने बताया कि सुकेश अब तक तीन दर्जन इंटरव्यू दे चुके हैं, दो-चार बार पढ़ाने के मौक़े मिले भी मगर अकादमिक सियासत के शिकार हो गये। उधर सुकेश अपने भारी भरकम अकादमिक अनुभव के भीतर छुपे आक्रोश से बे-हताशा बोलते जा रहे थे-

'अधिकांश इंटरव्यू के लिए तारीख़ से पहले रिज़ल्ट तय कर लिए जाते हैं। प्रिंसिपल, टीचर इंचार्ज तो कभी सीनियर मोस्ट वह निर्णय ले चुके होते हैं जिसे बस घोषित करना होता है। इस निर्णय में बाहरी ताक़तों की भी भूमिका होती है। हर मास्टर एक दिल भी रखता है; जो परिवार, जाति, भाषा, क्षेत्र, पार्टी या विचारधारा देखकर धड़कता है। बमुश्किल पाँच से दस फीसदी मामलों में ही इंटरव्यू के आधार पर चुने जाते हैं। हमारे यहाँ जाति पैरासिटामॉल है। प्रधान से लेकर प्रधानमंत्री तक की राजनीति इस दवाई का बखूबी इस्तेमाल करती है।'

मैं पशोपेश में पड़ गया। बिना पैरवी के मैं इंटरव्यू देने आया ही क्यों? किसी से बात करके आता। मगर किससे? आस-पास का माहौल और भारी हुआ जा रहा था। कई लोगों के लिखे-छपे का कुल वज़न उनके ख़ुद के वज़न से दोगुना और उनकी उम्र मुझसे तिगुनी थी। तय किया कि इंटरव्यू ठीक से देंगे। खोने के लिए है ही क्या? इस बार जो नाम पुकारा गया, वह मेरा था।

इंटरव्यू शुरू हुआ। परिचय के बाद पीएच.डी. के विषय से सवाल हुए। बोर्ड के लोग सवाल करते गये और मैं जवाब देता गया। ख़ुद को झोंक दिया। बोर्ड में बैठी वरिष्ठ मैडम मेरे तीसरे-चौथे जवाब से ही कहने लगीं- 'वाह, बेटा वाह!' यह आत्मविश्वास देने के लिए पर्याप्त था। आठ-दस सवालों में दो के लिए मैंने माफ़ी भी माँगी। अब सामने वाली कुर्सी पर बैठे प्रिंसिपल ने पूछना शुरू किया-

'आपका घर आज़मगढ़ है, फिर आप इलाहाबाद क्यों गये? आज़मगढ़ में कॉलेज नहीं हैं क्या?'

'मात्र इमारत होने से पढ़ाई-लिखाई की ज़रूरी औपचारिकताएँ पूरी नहीं हो जातीं सर। माहौल भी होना चाहिए। मेरे जिले के किसी भी कॉलेज में पढ़ाई का वह माहौल नहीं है, जो इलाहाबाद विश्वविद्यालय में है।'

कुछ सवाल स्कूली शिक्षा और उच्च शिक्षा के बीच रिश्ते पर प्रिंसिपल ने पूछे। प्रिय कवि और कविता के बारे में पूछा। आख़िर में बोले- 'अगर आपको चुन लिया जाए तो आप हमारे कॉलेज के लिए क्या नया करेंगे?'

इस सवाल से मुझे जाने क्यों एक उम्मीद नज़र आने लगी। इसका जवाब मैंने क्या दिया, कायदे से मुझे याद भी नहीं। मगर उनके चेहरे मेरे जवाबों से इत्तेफ़ाक़ रखते दिखे। तकरीबन दस मिनट के इंटरव्यू के बाद मैं बाहर आया। अलीगढ़ वाले मोहम्मद शाकिर मिल गये। पूछे, कैसा रहा; क्या पूछा? मैंने उनसे भी क्या कहा, पता नहीं। जाते हुए ऑफ़िस में पूछा- 'इसका रिज़ल्ट कब आता है और कैसे पता चलता है?' वे बोले- 'जिसका सेलेक्शन होगा, उसे शाम तक फोन चला जाएगा।'

लहलहाती फ़सल की उम्मीद में अपना सब कुछ झोंक देने वाले एक किसान की तरह मैं भी उम्मीद लेकर लौटा। किसान और बेरोज़गार दोनों को पता होता है कि ज़रूरी नहीं कि हर बार फ़सल अच्छी ही हो। मगर उम्मीदों का क्या, हर बार चली आती हैं।

आज शाम बड़ी देर से आयी और गुज़रती जा रही थी मगर फोन नहीं आया। अँधेरा होने लगा। तक़रीबन साढ़े छह बजे मोबाइल बज उठी। उधर से आवाज़ आई-

'आप लक्ष्मण जी बोल रहे हैं न? आप मौलाना आज़ाद दिल्ली कॉलेज आये थे एडहॉक का इंटरव्यू देने?'

'जी हाँ! आये थे।'

'आपका सेलेक्शन हो गया है। कल सुबह दस बजे सारे ओरिजनल डॉक्यूमेंट्स लेकर आ जाइयेगा।'

मेरे लिए इस फोन की अहमियत कितनी थी, बता पाना मुश्किल है। ख़ुशी का ठिकाना न रहा। सोचा अभी घर वालों को क्या बताया जाए। पहले कल कॉलेज जाकर देखें तो सही कि क्या-क्या होता है। ज्वाइन करके घर वालों को बताएँगे। मगर मन न माना तो अम्मा को फोन करके बता दिया।

नींद आने से रही। मेरा वज़ूद ख़ुद से बातें करने लगा। अम्मा, पापा, चाचा, बहनें, भाई, दादी, दादा, परदादा जो जो याद आ सकते थे, सब याद आने लगे। उनकी पीढ़ियों में पहला कोई शख़्स प्रोफ़ेसर बनने वाला है। झुलसाती लू से तपती दुपहरिया में भैंस, गाय व बकरी चराने; बारिश में भींग कर धान की रोपाई-निराई करने; सर्द आधी रात में गेहूँ के खेत में पानी भरने में मर-खप गयी पीढ़ियों ने शायद ही कभी बहुत बड़े ख़्वाब देखे। बढ़ई, नाई, मोची, दर्ज़ी, कुम्हार, लुहार, जुलाहा, चरवाहा, मल्लाह या मेहतर के पास न तो ज़मीनें थीं और न ख़्वाब देखने की सहूलियत। इनके बच्चे सदियों से सभ्यता की नींव में दफ़न होते आये। मौसम पढ़ लेने वाली निगाहों ने बर्बाद होती खेती-किसानी व हाथ के श्रम का भविष्य भी पढ़ लिया था। इसीलिए एक रुपया भी बचा तो अपने बच्चों को स्कूल भेजा। उनको अहसास होने लगा था कि शिक्षा ही गुलामी की बेड़ियाँ तोड़ सकेगी। ज्योतिबा फुले, सावित्रीबाई फुले, फ़ातिमा शेख़, पेरियार, शाहूजी, भगत सिंह व डॉ. आंबेडकर जैसे राष्ट्र निर्माता इधर थोड़ी देर से पहुँचे।

खेत-खलिहान से निकल किसी स्कूल की चौखट लाँघने का मौक़ा हमें मिल सका। हम पर सदियों के श्रम व खून-पसीने के हिसाब का क़र्ज़ है। शिक्षा उस क़र्ज़ अदायगी के क़ाबिल बनने की प्रयोगशाला है। पहली पीढ़ी का कोई युवा जिस दिन इन प्रयोगशालाओं से निकलकर शिक्षक बनता है, वह इस सभ्यता के माथे पर एक लक़ीर खींच देता है।

जाने क्यों, मग़र आज मैं अपने हाथ में एक क़लम लेकर सोने जा रहा हूँ।

1 सितंबर, 2010

शजर पर घोंसला

आज की सुबह एक नयी सुबह थी। इक्कीस साल की ज़िंदगी में ऐसी चमकती सुबहें कम ही हुईं। पीढ़ियाँ अँधेरों में खप गईं ताकि हम रौशनी निहार सकें। यकीन था कि वह सुबह कभी तो आएगी। छोटा रहा हो या बड़ा मगर हर इम्तिहान से पहले अम्मा से बात ज़रूर करता था। आज भी अम्मा से बात की, बशर्ते आज नौकरी ज्वाइन करने जा रहा हूँ। एडहॉक प्रोफ़ेसर की नौकरी। एक अलहदा क़िस्म का इम्तिहान।

मौलाना आज़ाद दिल्ली कॉलेज ज्वाइन करने आ गया। इसी दिल्ली कॉलेज में मिर्ज़ा ग़ालिब पढ़ाने के लिए आने वाले थे। जब पहुँचे तो उस वक़्त के प्राचार्य उन्हें गेट पर लेने नहीं आए। ख़फ़ा होकर मिर्ज़ा लौट गये। मिर्ज़ा तो ख़ैर मिर्ज़ा ठहरे। प्रोफ़ेसरी की दुनिया क्या ही थी उनके आगे। कॉलेज वही, और सामने मैं। साढ़े इक्कीस साल का एक नौसिखुआ। चुपचाप अकेले ही दिल्ली कॉलेज के गेट से भीतर दाख़िल हो गया।

शाकिर भाई मिल गये। वही डॉ. मोहम्मद शाकिर, जो इंटरव्यू के दिन मिले थे। मैंने पूछा-

'शाकिर भाई, आप कैसे?'

'मेरा गेस्ट पर हुआ है और आपका?'

'और मेरा एडहॉक।'

'वाह! क़ुदरत का खेल देखिए, हम दोनों को ही साथ मिलना था, तभी हम इंटरव्यू के दिन ही मिल गये। आइए! ज्वाइन करने चलते हैं।'

हमने साथ में कॉलेज ज्वाइन किया। वे स्टाफ़ रूम की तरफ़ गये और मैं ऑफिस के सामने कॉलेज की बुलंद इमारत के सामने ठिठक गया। ऐसे सरकारी डिग्री कॉलेज मैंने अब तक नहीं देखे थे। हमारे जिले के अधिकांश सरकारी स्कूल-कॉलेज लावारिस मवेशियों से लेकर लावारिश ख़्वाबों की पनाहगाह बने खंडहरों से ज़्यादा कुछ नहीं लगते। उन 'खंडहरों' में भारत के भविष्य गढ़े जा रहे हैं। जाने किस भारत का कैसा भविष्य?

इसके पहले कुछ ऐसा ही आश्चर्य डीयू के नॉर्थ कैंपस में पीएच.डी. एडमिशन लेने के दौरान हुआ था। यह सच है कि अकादमिक इमारतें पीढ़ियों का मुस्तकबिल नहीं बनातीं; मगर क्लासरूम, इमारतों, शिक्षकों के बिना जो पीढ़ियाँ गढ़ी जा रही हैं, उनका भी तो अपना मुस्तकबिल होता होगा?

हम जैसों के लिए आज भी इलाहाबाद विश्वविद्यालय किसी महबूब से कम नहीं। इस विश्वविद्यालय ने ही हमें गढ़ा। सीनेट हॉल के ऐतिहासिक गुंबद और मीनारों पर हमने अपने गाँव से पीढ़ियों पुराने ख़्वाब लाकर रख दिये थे। यक़ीन था, वे यहीं से पूरे होने शुरू होंगे। इलाहाबाद विश्वविद्यालय ने उन ख़्वाबों में पंख लगाकर उड़ना सिखाया। उस उड़ान ने दिल्ली विश्वविद्यालय पहुँचा दिया। वक़्त के साथ ख़्वाबों के हमारे ये पंख और मजबूत होते गये। इलाहाबाद विश्वविद्यालय से उड़ निकले अरमान आज दिल्ली विश्वविद्यालय के मौलाना आज़ाद दिल्ली कॉलेज की दरो-दीवार से गुफ़्तगू करने लगे।

एक केंद्रीय विश्वविद्यालय की अहमियत हम जैसों से पूछिए, जिनका वजूद ही उनके बीच बना है। इसीलिए इन कैम्पसों के दरकने पर सबसे गहरा दर्द हमें ही होता है। ऐसे विश्वविद्यालयों को कमज़ोर करने वाले वही लोग हैं, जिन्हें समाज के वंचित-शोषित जमात को मिले मौक़ों से एतराज़ होता है। दरअसल तालीम हर दौर में सत्ता को चुभती है। तालीम, नयी नस्लों को सवाल करने की ताक़त देती है। हमने इलाहाबाद विश्वविद्यालय से डिग्री ही नहीं, मुकम्मल तालीम हासिल की। इसलिए हमें अहसास है कि ऐसे तालीमी-इदारों को बचाना दरअसल पीढ़ियों को बचाना है। 'जितनी शाखाएँ उतने वृक्ष' यह हमारे इलाहाबाद विश्वविद्यालय का मोटो है। हम उस विश्वविद्यालय की शाखाएँ ही तो हैं। विश्वविद्यालय हमारी सभ्यता की बुनियाद हैं। कोई सभ्य समाज अपनी बुनियाद में मट्ठा कब डालता है?

ज्वाइनिंग लेटर मिला, जिस पर लिखा है कि आपकी नौकरी मात्र चार महीने के लिए है। हमें ज़रा भी अहसास न था कि ये चार-चार महीने का खेल कितना ख़तरनाक होने वाला था।

ज्वाइनिंग लेटर निहारता रहा। ऊपर मेरा नाम और नीचे असिस्टेंट प्रोफ़ेसर लिखा हुआ था। ख़ुद के होने का नया अहसास था। इसके पहले ऐसा तब हुआ था जब जेआरएफ़ क्वालीफ़ाई किया था। चाचाजी को तब सबसे ज़्यादा ख़ुशी इस बात से हुई थी कि अब हर महीने पैसा तो नहीं माँगेगा। ख़ुश भी क्यों न हों, अपनी क्षमता से आगे जाकर जाने कितनी मुश्किलों से मुझे पढ़ाया। चाचा न होते तो? फक्कड़ पिता के पास तो बस दो चीज़ें थीं, जिसे दिल खोलकर देने में उन्होंने कोई कोताही नहीं बरती; निश्चिंतता और निडरता। उनके लिए डिग्रियाँ कोई ख़ास अहमियत नहीं रखती थीं। वे समाजवादी क्रांति के स्वप्न द्रष्टा कॉमरेड थे। उस दिन सबसे ज़्यादा ख़ुश मेरी अम्मा हुईं। वह बोलीं-

'जेआरएफ़ कै लइला, बहुत अच्छा हौ। लेकिन बी.एड कै लहले होता, त अबले प्राइमरी स्कूल में मास्टर बन गयल होता।'

अम्मा भोजपुरी में उलाहना दे रही थीं कि जेआरएफ़ हो गये, अच्छा है। मगर बी.एड. कर लिए होते तो अब तक प्राइमरी स्कूल में शिक्षक बन गये होते। यह कहने वाली मेरी अम्मा उस पीढ़ी की हैं, जिनके ज़माने में बी.एड. (बैचलर ऑफ़ एजुकेशन) करने के बाद प्राइमरी का मास्टर बनना मुश्किल नहीं था। तब तक बी.एड. कराने वाले कॉलेज कुकुरमुत्ते की तरह खुल कर डिग्रियों के बहाने मोटी कमाई के व्यवसाय में तब्दील नहीं हुए थे। कई बार कोशिश के बाद भी वे ख़ुद बी.एड. नहीं कर पाई थीं। आज आंगनबाड़ी में काम करती हैं। शिक्षिका न बन पाने की कसक दबी थी उनमें। नेट-जेआरएफ़ और प्रोफ़ेसर से अपरिचित थीं। पापा और बड़े चाचा को पता था कि जेआरएफ़ व पीएच.डी. के बाद प्रोफ़ेसर बन सकता है। इसलिए वे ख़ुश थे। मगर अम्मा की ख़ुशी के आगे कुछ नहीं। अम्मा शिक्षिका न बन सकीं मगर अपने अधूरे ख़्वाबों के साथ हमें गढ़ा था उन्होंने। उनका बेटा आज प्रोफ़ेसर बन गया।

इसी दरम्यान ज्वाइनिंग लेटर पर एक बूँद गिर पड़ी, टप्प। मैं सिहर उठा। ख़ुद को सँभाला, उस बूँद को पोंछा और आगे चल पड़ा।

स्टाफ़ रूम पहुँचा। यहाँ पता चला कि विभागाध्यक्ष को 'टीचर इंचार्ज' यानी टीआईसी बोलते हैं। टीआईसी डॉ. सुरेश सक्सेना सर इंटरव्यू बोर्ड में थे इसलिए मैं उन्हें और वे मुझे पहचान गये। मुझे देखते ही वे आशीर्वाद की मुद्रा में आ चुके थे। इधर मैं भी इलाहाबादी सामंती संस्कारों के बोझ में ज़रा सा झुका क्या कि वे तपाक से आशीर्वाद दे बैठे। हमें भारी ग़लतफ़हमी थी कि सामंतवाद इलाहाबाद, बनारस, पटना जैसे 'छोटे' शहरों तक ही साँस लेता होगा। पढ़े-लिखे लोग भी जातिवाद,

जातिवाद, क्षेत्रवाद, सामंतवाद, पितृसत्ता जैसे 'संस्कारों' से कहाँ उबर पाते हैं? जहाँ गये, बीज बोया और फिर क्या... कुंठा और अहं की फसल लहलहाने लगी।

सक्सेना सर ने अपने विभाग के बाकी लोगों से मिलवाया। वहीं पता चला कि अब मैं इस विभाग का एकमात्र एडहॉक हूँ। मुझसे पहले जो दो लोग एडहॉक थे, वे पिछले महीने यहीं परमानेंट हो गये। सक्सेना सर बोले-

'लक्ष्मण जी! जो एक बार यहाँ आ गया, समझो यहीं का होकर रह गया। मुझे भरोसा है कि अब परमानेंट होने का अगला नम्बर आपका है।'

यह सुनकर मन के भीतर उम्मीदों की तहें और गहरी हो चलीं। हम दरअसल उम्मीदों की पोली ज़मीन पर स्वप्न पालने वाले लोग ही तो हैं। सक्सेना सर ने जिनसे मिलवाया, उन्हीं में से एक थे डॉ. जितेंद्र सिंह। मेरे नमस्ते के जवाब में मुस्कुराते हुए जितेंद्र सर ने हाथ मिलाया। वे आशीर्वाद वाली मुद्रा में नहीं आये। सहज होते हुए मैंने कहा- 'धन्यवाद सर।' वे बोले- 'सर नहीं, जितेंद्र हूँ मैं। अगर आप मुझे मेरे नाम से बुलाएँगे तो अच्छा लगेगा।'

यह सुनकर मेरी रीढ़ की हड्डी में थोड़ी और सख़्ती आयी। दरअसल कमलवत चरणों में दंडवत करने को ही सम्मान बताते हैं लोग। पैर छूने पर डाँटने वाले इलाहाबाद विश्वविद्यालय के प्रोफ़ेसर सत्यप्रकाश मिश्र सर अकेले संस्कार थोड़े न बदल देते! उम्र में बड़ों से हाथ मिलाना हमारी तरफ़ संस्कारहीनता मानी जाती है। मगर उसी इलाहाबाद विश्वविद्यालय के प्रोफ़ेसर राजेंद्र कुमार और प्रोफ़ेसर प्रणय कृष्ण ने समझदारी वाला ज़ेहन, सवाल करती हुई ज़ुबान और तनी हुई रीढ़ बनाने की बुनियाद तैयार की थी। वह सब हम साथ लेकर आए थे।

जितेंद्र सर और शबीना मै'म मुझसे पहले हिन्दी डिपार्टमेन्ट के एडहॉक थे। क्रमशः पता चला कि टाइम टेबल, कॉलेज और डिपार्टमेन्ट के अधिकांश काग़ज़ी काम एडहॉक ही करते हैं। एडहॉक प्रोफ़ेसर बस एक काम नहीं कर सकते, वह है दस्तख़त। मैं और मोहम्मद शाकिर अब काग़ज़ों के साथ और जुड़ने लगे।

सक्सेना सर ने टाइम-टेबल दिया। यह लम्हा एक नये प्रोफ़ेसर के लिए बहुत बड़ा होता है। इतनी ख़ुशी इसके पहले तब हुई थी जब इलाहाबाद विश्वविद्यालय में एम.ए. का टॉपर बना था। गोल्ड मेडलिस्ट ऑफ़ द बैच। एम.ए. की मार्कशीट अपने हिन्दी विभाग के वरिष्ठ क्लर्क के हाथों से ली। उसके हाथों से मार्कशीट लेते हुए जो महसूस हुआ, कुछ वैसा ही आज अपने सक्सेना सर के हाथों से टाइम टेबल लेते हुए महसूस हुआ। अब हुआ मैं डीयू में असिस्टेंट प्रोफ़ेसर। अब बस क्लास लेने का इंतज़ार है। मगर यह आज नहीं, कल होने वाला था। यानी पढ़ाना कल से था।

शाकिर भाई अलीगढ़ के लिए निकल गये। अब वे बोरिया बिस्तर बीवी बच्चे समेत आएँगे। अरसे बाद उन्हें भी एक क़ायदे का घोंसला मिल गया। मैं कॉलेज से लौटते हुए कैम्पस गया। रघु दा लाइब्रेरी से निकलकर चाय पिलाने लाये। सिगरेट जलाते हुए पूछे-

'और सुनाओ एडहॉक प्रोफ़ेसर लक्ष्मण! कैसा रहा कॉलेज का पहला दिन?'

मैं भावुक होकर बोला- 'ज़िंदगी की किताब में आज एक नया चैप्टर लिखकर लौट रहा हूँ दादा। ख़ुश तो बहुत हूँ मगर एक बात से बहुत असहज महसूस कर रहा हूँ। बधाई देने के लिए आने वाले कई फोन में आख़िरी लाइन यह होती कि कहाँ से लगवाया था जुगाड़? कैसे एडहॉक हो गये?'

रघु दा मेरी मुश्किल समझते हुए बोले- 'यहाँ हर नौकरी के बाद एक अफ़वाह ज़रूर उड़ती है कि अगले की तगड़ी सेटिंग थी। इसकी ठोस वजहें भी हैं। न तुम इस तरह की अफ़वाहों का कोई जवाब दे सकते हो और न तुम्हारे जवाब का कोई असर होने वाला है। ज़माने की निगाह में प्रोफ़ेसर की नौकरी ऐसी है जिसका मिलना डिग्रियों, क़ाबिलियत व मेरिट के भरोसे माना जाता है, जबकि अंदर-ख़ाने सब जानते हैं कि बिना जुगाड़ के यह कहीं भी, कभी भी किसी को भी नहीं मिलती। इसलिए तुम्हारा भी एडहॉक होना हमेशा संदिग्ध ही रहेगा उनकी नज़र में। इसका बहुत तनाव न लो। इस शानदार आग़ाज़ को अब अंजाम तक ले जाना।'

कैंपस से लौटकर कमरे पर आ गया। थोड़ा निश्चिंत महसूस कर रहा था। एक दुविधा थी। आईएएस बनने दिल्ली आए थे। 'वी शुड चेंज द सिस्टम, इन द सिस्टम' वाली लाइन ग्रेजुएशन से ही स्टडी टेबल के ठीक सामने चिपके टाइम-टेबल के पड़ोस में अटका रखी थी। पापा भी बचपन से कहते रहे 'हमार बेटवा बड़ा होकर कलेट्टर बनी।' हमें भी लगने लगा कि धरती पर हमारा जन्म आमूलचूल बदलाव के लिए हुआ है। प्रोफ़ेसर बनकर क्या ही बदलाव ला सकेंगे? फ़ेलोशिप मिल ही रही है। डीयू जैसे केंद्रीय विश्वविद्यालय में पीएच.डी. का मौका मिला है। मन में एक और बात भी थी, अगर कुछ अच्छे प्रोफ़ेसर हमें न मिले होते तो हम यहाँ तक न पहुँच पाते। उनका क़र्ज़ है हम पर।

एक रोज़ बड़े पिताजी ने समझाया कि देश में आमूलचूल परिवर्तन करने से कम बड़ा काम आने वाली पीढ़ियों को बदलना थोड़े न है। गुरु, गुरु होता है। भारी भी और बड़ा भी। प्रोफ़ेसर पीढ़ियाँ बदलता है। असमंजस क़ायम रहा।

उधर गाँव वालों और रिश्तेदारों को पता चला तो एक दिन खदेरन चाचा ने पापा से ताना मारा-

'शिवनारायण बाऊ! बाक़ी सब तो ठीक है मगर आपका बेटा अगर कलेट्टर बन जाता तो अख़बार में फ़ोटो छपती। पूरे ज़िले-जवार में होता कि फ़लनवा का लड़का नाम रोशन कर दिया। प्रोफ़ेसर की न कोई ऊपरी कमाई, न कोई पॉवर, न कोई भौकाल। आजकल पूछता कौन है प्रोफ़ेसर को? वह भी हिन्दी का प्रोफ़ेसर।'

घर वाले बहुत ख़ुश हैं। आज से ज़िंदगी में शुरू हो रहे एक नये खेल का अंदाज़ा ही कहाँ। एक अंतहीन खेल जिसमें हम जैसों को बस खेलते जाना था। दिन, महीने, साल दर साल। कभी खिलाड़ी तो कभी बीच खेल में खेल के नियम-क़ायदे ही बदल दिये जाने थे। तभी बड़े पिताजी ने फोन करके बोला-

'कल जो तुमने कहा था कि मोटरसाइकिल लोगे, पैसा भेज दिया। सैलरी से लौटाने वाली बात आइंदा मत करना। क्या-क्या और कितना लौटा सकोगे? बस एक बात याद रखना, पैसा कमाने से पहले पैसा खर्च करने आना चाहिए। देखकर अच्छी-सी दुपहिया ले लेना और बहुत धीरे-धीरे चलाना।'

2 सितंबर, 2010

आईने में प्रोफ़ेसर

आज पहली क्लास लेने जाना है। जिस झोले को लेकर अब तक पढ़ने जाया करता था, आज उसे लेकर पढ़ाने जा रहा हूँ। एक नोटबुक, एम.ए. और जेआरएफ़ के दौरान बनाए नोट्स और एक क़लम रखकर तैयार हुआ। निकलने से पहले आईने के सामने खड़ा हो गया। बचपन में सबसे छुपकर आईना देखा करता था। जैसे हर बार अपने चेहरे में किसी और का चेहरा खोजता। उम्र बढ़ती गयी और बाकी सब कहीं गुम होता चला गया। अब जाने क्यों इसी आईने में मुझे मेरे पुरखे नज़र आते हैं। मेरा सबसे बड़ा इम्तिहान आईनों ने ही लिया। हर बार आईना देखकर ही सबसे ज़्यादा डर और सबसे ज़्यादा आत्मविश्वास दोनों मिलता। आईने वही रहे, उनमें दर्ज़ हमारा अक्स बदलता चला गया। इस बार आईना मानो पूछ रहा हो- 'तुम वाकई एक असिस्टेंट प्रोफ़ेसर हो न? दिल्ली यूनिवर्सिटी के असिस्टेंट प्रोफ़ेसर?'

हर बार की तरह मैं आईने का बिना कोई जवाब दिये निकल गया। टाइम-टेबल के मुताबिक़ हिन्दी ऑनर्स के फ़र्स्ट ईयर के बच्चों को भक्ति कविता पढ़ानी है। विभाग की सबसे सीनियर अरोड़ा मै'म के साथ दो क्लास शेयर करनी है। क्लास में पहुँचा और बातचीत शुरू ही किया कि-

'मेरा नाम लक्ष्मण है और आज से मैं आपको कबीर पढ़ाऊँगा।'

पीछे से एक आवाज़ आई-

'पहले अपना आई डी कार्ड दिखाइए, तब मानेंगे।'

अचानक लगा कि मेरे कमरे में टँगा वह आईना साथ चलकर क्लास रूम तक आ गया है। कहाँ पता था, वह आईना हमेशा के लिए मेरी हर क्लास में सामने वाली दीवार पर टँग जाएगा। पढ़ाते हुए हर बार मेरा इम्तिहान लेता रहेगा। ओढ़े

गये चेहरों के दौर में आईनों के इम्तिहान ही सबसे मुश्किल होते हैं। मैंने सहज होते हुए कहा-

'मैं आपका नया प्रोफ़ेसर हूँ। अब से मैं ही आपको भक्ति काव्य पढ़ाऊँगा।'

'रैगिंग बैन है इस कॉलेज में। हम कैसे मानें कि आप हमारे प्रोफ़ेसर हैं? आइकार्ड दिखाइए।'

इस सवाल में दम था। मगर मेरे पास जवाब में कोई ठोस सबूत नहीं था। न कोई पहचान पत्र मिला था और न कोई बैज। प्रोफ़ेसर की कोई यूनिफ़ॉर्म तो होती नहीं। अगले कुछ मिनटों में अपनी बातों से भरोसा दिलाने में कामयाब हो गया कि भले चेहरे व उम्र से न लगूँ मगर हूँ आपका प्रोफ़ेसर ही। उस लड़के ने बाद में अफ़सोस जताया।

एक अस्थायी कमर्चारी हर रोज़, हर कहीं, हर लम्हे ख़ुद को या हर किसी को यही भरोसा दिलाने की अनवरत कोशिश करता रहता है।

अब पहली क्लास शुरू हुई। सबसे परिचय हुआ। पहले ख़ुद के बारे में बताया, फिर विद्यार्थियों से उनके बारे में जाना। सिलसिला चल निकला। मैं इस लम्हे को भीतर तक महसूस करने की कोशिश कर रहा था। अब तक जिस जगह पर खड़े अपने कुछ प्रिय प्रोफ़ेसरों को देखा करता था, आज ख़ुद वैसी ही जगह पर खड़ा हूँ। मेरे स्कूल के शिक्षक ओपी सर, केपी सर से लेकर इलाहाबाद यूनिवर्सिटी के प्रोफ़ेसर सत्यप्रकाश मिश्र, प्रोफ़ेसर राजेंद्र कुमार, प्रोफ़ेसर प्रणय कृष्ण, प्रोफ़ेसर निशा अग्रवाल, प्रो. रामकिशोर, डॉ. लालसा मै'म, डॉ. मुश्ताक़ अली जैसे तमाम शिक्षक याद आ रहे थे। हिन्दी और ज़िंदगी इन जैसों से जैसी भी सीखी थी, इस लम्हें बस उसे जी रहा था मैं। इनसे पढ़ते हुए पढ़ाने का कभी एक ख़्वाब था जो आज पूरा होना शुरू हुआ।

शुरुआती परिचय के बाद सिलेबस और किताबों पर बात की। तय वक़्त पर घंटी बज गयी। पहली क्लास पूरी हुई। पहली क्लास लेकर स्टाफ़ रूम लौटते हुए अलहदा अहसास हो रहा था। मेरे क़दमों में जैसे किसी अंतहीन सफ़र को तय कर अपने मुकाम तक पहुँचाने की ख़ुमारी शामिल हो गयी है।

एक घंटे बाद दूसरी क्लास होनी है। उसमें बी.ए. प्रोग्राम के बच्चों को पढ़ाना है। यहाँ भी शुरुआती परिचय से लेकर सिलेबस व किताबों पर बात होते हुए क्लास पूरी की। कॉलेज और क्लास रूम ने एक लम्हे को भी यह महसूस नहीं होने दिया कि मैं एक अस्थायी प्रोफ़ेसर हूँ। कॉलेज शानदार है। इसे निहारता और थोड़ा अपने

भीतर भरकर वापस लौटा। आज शाम अपनी दोस्त को फोन किया तो कितना भरा था मैं-

'पता है, क़लम-किताब ने मेरे लिए आज ज़िंदगी का नया अध्याय लिख दिया। आज का दिन मेरे लिए ऐसा रहा गोया भूमिहीन मज़दूर के हिस्से ज़मीन का टुकड़ा आ गया हो। आज उस खेत को मनभर निहार कर फ़सलों की अपार संभावनाएँ सँजोकर घर लौटा हूँ। मेरी उम्र के हर नौजवान को ऐसे मौके नहीं मिल पाते। मेरे जैसे अनगिनत युवाओं को मौजूदा व्यवस्था के अनगिनत इम्तिहान रौंद कर घर लौटने को मज़बूर कर देते हैं। मुझे प्रोफ़ेसर बनने का मौक़ा मिल गया। राकेश, संगीता, मनोज, अभिनव, रेनू और फूलबदन मेरे बैचमेट थे जो अब गाँव लौट कर खेती, मज़दूरी, दिहाड़ी या चौका बर्तन कर रहे होंगे। और आज मैं दिल्ली विश्वविद्यालय के एक कॉलेज में पढ़ा कर लौट रहा हूँ। उनकी बहुत याद आ रही है।'

'तुम्हारी यही दिक़्क़त है। तुम बहुत जल्दी और ज़रूरत से ज़्यादा भावुक हो जाते हो।'

27 सितंबर, 2010

स्टाफ़रूम के क़िस्से

आज कॉलेज में फ़र्स्ट ईयर के विद्यार्थियों की फ्रेशर पार्टी है। कॉलेज के हर प्रोग्राम मेरे लिए बिल्कुल नये अहसास वाले होते हैं। इन शुरुआती दिनों में मैं जब भी अपने कॉलेज के विद्यार्थियों को मिले मौक़ों या कॉलेज के आयोजनों को देखता हूँ तो हर बार अपने गाँव-कस्बे के युवाओं की याद आती है। दिल्ली विश्वविद्यालय के हर कॉलेज में पढ़ने वाले युवाओं के पास डिबेटिंग सोसाइटी, थिएटर सोसाइटी, डांस एंड म्यूज़िकल सोसाइटी, एनसीसी, एनएसएस, जूडो कराटे, टेबल टेनिस, शतरंज, बास्केटबॉल, हॉकी, फुटबॉल, क्रिकेट जैसे तमाम खेलों के लिए स्पोर्ट्स सोसाइटी जैसी जाने कितनी सोसाइटीज़ और मौक़े हैं। अपनी क्षमताओं के मुताबिक़ विद्यार्थी इनमें जुड़ते हैं।

आज़मगढ़ से लेकर इलाहाबाद यूनिवर्सिटी तक जितने भी सरकारी डिग्री कॉलेजों या कैम्पसों को देखा है, उनमें एक भी ऐसे न थे। जिस देश के अनगिनत युवाओं के लिए इमारतें, शिक्षक व कक्षाएँ ही मुहैया न हों, उनके लिए ऐसी 'एक्स्ट्रा करिकुलर ऐक्टिविटीज़' की उम्मीद करना ठीक वैसे ही है जैसे बंजर खेत से लहलहाती फ़सलों की उम्मीद पालना। ऊसर-बंजर खेत को किसान अपनी मेहनत के दम पर उपजाऊ तो बना सकता है मगर वही किसान उसी मेहनत के दम पर अपने बेटे-बेटियों के लिए अच्छी शिक्षा का इंतज़ाम नहीं कर सकता। कोई पढ़ाना भी चाहे तो कहाँ भेजे? उन इलाक़ों में कुछ है ही नहीं।

मैं सोचने लगा कि इसी देश में तीन साल के बी.ए. की डिग्री छह साल में देने वाले सरकारी कॉलेज भी हैं। हमारे देश में अब उच्च शिक्षा की अहमियत सब समझते हैं लेकिन उसे घर के उस बुज़ुर्ग की तरह हाशिये पर छोड़ चुके हैं, जिसके

पास अनुभव तो ज़माने भर का है मगर अब उसकी बातें सुनने वाला कोई नहीं है। इनके अपवाद भी ज़रूर होंगे मगर कितने?

फ्रेशर पार्टी में स्टूडेंट्स अपने अनुभव बता रहे हैं। किसी को कॉलेज परिसर की हरियाली बहुत अच्छी लगी तो किसी को किताबों से सजी लाइब्रेरी। किसी को कैंटीन के समोसे से दिक़्क़त है तो किसी को मनचाहा विषय न मिल पाने की शिकायत है। मगर मैं यह देखकर हैरान था कि इन बच्चों में गज़ब का आत्मविश्वास है। हमारे गाँव में इस उम्र के युवा ख़ुद से भी नज़रें बचाकर ज़िंदगी जीने को अभिशप्त हैं। मंच पर आकर एक लड़का बोला-

'यह कॉलेज हमें बहुत अच्छा लगा। हमारे प्रोफ़ेसर्स भी बहुत अच्छे हैं। सक्सेना सर हमसे बहुत अच्छे से बात करते हैं। अरोड़ा मै'म तो एकदम माँ जैसी हैं। जितेंद्र सर के पढ़ाने का अन्दाज़ कमाल का है। लक्ष्मण सर बहुत आसान तरीक़े से हमें समझाते हैं। मुझे तो जैसे नया जन्म मिल गया है इस कॉलेज में।'

जैसे ही उस लड़के ने सक्सेना सर, अरोड़ा मै'म और जितेंद्र सर के साथ मेरा नाम जोड़कर तारीफ़ की, मैं चौकन्ना हो गया। रघु दा याद आ गये, जिन्होंने समझाया था कि कभी किसी एडहॉक को कोई काम इतना अच्छा नहीं करना चाहिए कि उसकी तुलना किसी परमानेंट प्रोफ़ेसर से हो जाए। यह अक्षम्य अपराध है, जिसकी सज़ा बिना बताए दे दी जाती है। प्रोग्राम के बाद सक्सेना सर बोले-

'लक्ष्मण जी, आज मुझे ख़ुशी है कि बच्चों ने आपकी भी तारीफ़ की। अब मुझे लग रहा है कि मैंने एक अच्छे एडहॉक का सेलेक्शन किया है। आपसे बहुत उम्मीदें हैं। शुभकामनाएँ आपको। आप यहीं परमानेंट होंगे, आशीर्वाद है मेरा।'

यह सुनते हुए ऐसा लग रहा था कि लोग नाहक कहते हैं एडहॉक का बहुत शोषण होता है। यह कॉलेज कितना अच्छा है। सक्सेना सर और अरोड़ा मै'म मुझे मानने लगे हैं। रमन कुमार सर, महेंद्र सर और जितेंद्र सर तो एकदम अपने किसी हमउम्र की तरह साथ बिठाते हैं और अक्सर डीयू-जेएनयू के अपने क़िस्से सुनाते हैं।

मौलाना आज़ाद दिल्ली कॉलेज का स्टाफ़ रूम धीरे-धीरे अपना लगने लगा। दिल्ली विश्वविद्यालय में पढ़ने वाले सब युवा एक जैसे नहीं लेकिन एडहॉक तो सभी कॉलेजों के एक जैसे ही हैं। मगर सबको हमारे विभाग जैसे सहयोगी कहाँ मिलते हैं। यही सब सोचते हुए कैंपस पहुँचा। सेंट्रल लाइब्रेरी के गेट पर शालिनी मिल गयी। शालिनी इलाहाबाद यूनिवर्सिटी में मेरी बैचमेट रही। इसी साल उसका भी धनराज कॉलेज में एडहॉक हुआ। शालिनी से मैं चहककर जैसे ही अपने यहाँ के

स्टाफ़ रूम का क़िस्सा सुनाने वाला था, उसके पहले ही शालिनी बेहद उखड़े हुए स्वर में बोल पड़ी-

'यार वुमेन कॉलेज ससुराल जैसे होते हैं। यहाँ की सीनियर टीचर्स हम एडहॉक को नयी नवेली बहू और ख़ुद को सास समझती हैं। ऐसे करो, वैसे करो, ये मत करो, इधर बैठा करो, उधर क्यों बैठती हो, स्वाति से ज़्यादा बात मत किया करो, लंच क्यों नहीं लेकर आती, जीन्स की बजाय सूट में ज़्यादा अच्छी लगती हो, स्टूडेंट्स से मत चिपका करो, मैंने जो किताब खोजने को बोला था, वह नहीं मिली क्या? खंडेलवाल मै'म जाने क्या-क्या बोलती रहती हैं। जब भी मेरी क्लास ओवर हो जाती है, बिठाए रहती हैं अपने पास। मैं तो त्रस्त हूँ। क्या करूँ, अभी वे दो साल टीआईसी रहेंगी।'

शालिनी के साथ उसकी एक दोस्त ऐश्वर्या भी थी जो पिछले डेढ़ साल से फूलन देवी कॉलेज में पढ़ा रही थी। ऐश्वर्या बताने लगी-

'एक्जेक्टली शालिनी, ये जो तुमने सास ससुराल वाली बात कही न, हंड्रेड परसेंट सही है। मेरे कॉलेज में सब नहीं, केवल प्रीति और मालिनी मै'म ही हैं, जो पूरी सास बनी बैठी रहती हैं। दोनों सीनियर मोस्ट हैं इसलिए हम लोगों को उन्हीं के साथ रहना पड़ता है। कुछ दिन रहो, फिर आदत हो जाएगी। हर कॉलेज का यही हाल है यार। डोंट टेक इट सीरियसली।'

मौलाना आज़ाद दिल्ली कॉलेज के स्टाफ़ रूम के जन्नत होने वाले अपने अहसास मन में ही दबा गया और चुपचाप इन्हें सुनता रहा। तीन महीने की नौकरी में ही शालिनी बतौर एडहॉक बेहद गुस्से में अपना क़िस्सा सुनाने लगी-

'सारे एडहॉक एकदम भक्ति भाव में घंटों उनका प्रवचन सुनते रहते हैं। मैं बोर हो गयी हूँ। अभी बहाना बनाया कि मुझे कुछ ज़रूरी काम से कमला नगर जाना है। बिफ़र पड़ीं। कहने लगीं कॉलेज से ज़्यादा ज़रूरी भी कोई काम है क्या आपके लिए? मैंने पलट कर बस इतना ही तो कहा था कि मै'म, मेरी आज की सारी क्लास ओवर हो गयी है। तुम ही बताओ लक्ष्मण, मैंने कुछ गलत कहा? रेखा तो उनके साथ मेट्रो में पहले जहाँगीरपुरी तक जाती है, फिर उनके उतरने के बाद वापस लक्ष्मी नगर लौटती है। खंडेलवाल मै'म समझती हैं सब एडहॉक रेखा जैसे ही आज्ञाकारी बने रहें। हद हो गयी है। सोचा था प्रोफ़ेसर बनकर पढ़ाना लिखाना होगा लेकिन इतनी चापलूसी के साथ ये नौकरी मेरे बस की नहीं। ऐश्वर्या, मैं ऐसे नहीं रह पाऊँगी। हमारी कोई डिग्निटी ही नहीं है।'

हर अस्थायी कर्मचारी लबालब भरा होता है। कोई दुखती रग पर हाथ भर रख दे, बिखर कर अपने सब अफ़साने कह डालेगा। दो चार साल की नौकरी में ही कितने भर जाते हैं सब। थोड़ी देर बाद शालिनी और ऐश्वर्या गेट नंबर चार की तरफ जाकर कहीं ओझल हो गईं। जैसे सभी ग़रीब एक नहीं होते, वैसे ही दिल्ली विश्वविद्यालय के सभी एडहॉक एक जैसे नहीं हैं। जैसे हर ग़रीब की ग़रीबी को उसकी जाति, जेंडर, क्षेत्र आदि से जोड़े बिना पूरी तरह नहीं समझा जा सकता, वैसे ही हर एडहॉक को उसके ख़ुद के मिज़ाज, कॉलेज के माहौल और सीनियर प्रोफ़ेसरों के व्यवहार से जोड़कर देखे बिना नहीं समझा जा सकता है।

प्रोफ़ेसर होने के मायने हमारे लिए कितने शानदार और महान थे। प्रोफ़ेसर को हम समाज को दिशा दिखाने वाले लोग समझते थे। हमें अपनी अकादमिक ज़िंदगी में ऐसे तमाम शानदार प्रोफ़ेसर मिले भी। मगर इसका एक रंग वह भी है, जो शालिनी और ऐश्वर्या ने बताया।

7 नवंबर, 2010

क्लासरूम और क्रांति

प्रोफ़ेसरशिप के शुरुआती कुछ महीने ऐसे बीते, गोया एक नयी ज़िंदगी हो। कक्षाएँ लेने का उत्साह ज़िंदगी की किताब में हर रोज़ जुड़ते पन्ने की तरह है। पीएच.डी. के दौरान सबसे उम्दा बात यह होती है कि सिलेबस की बंदिशों से सहज छुटकारा मिल जाता है। आप वह सब भी क़ायदे से पढ़ने लिखने लगते हैं, जिसमें आपकी रुचि हो। इसके चलते तमाम विषयों की किताबें अब मेरे कमरे में ज़्यादा जगह घेरने लगीं। उनके साथ एम.ए., नेट-जेआरएफ़ के नोट्स और दिल्ली विश्वविद्यालय का सिलेबस मिलाकर हर दिन क्लास लेने की तैयारी। कक्षा में जाकर पढ़ाना, अपने पढ़े हुए को दुबारा जीने जैसा अहसास देने लगा।

हर क्लास में जाकर सोचता कि बस आज से ही शुरू कर दूँ क्या 'पीढ़ियों का आमूल-चूल परिवर्तन?' फिर सोचता थोड़ा ठहरकर सिस्टम को समझ लेते हैं। वरना सुनते हैं कि चार महीने बाद नौकरी से बाहर भी किये जा सकते हैं। चार महीने के रिचार्ज कूपन ने एक संभावित 'क्रांति' को कंट्रोल करना शुरू कर दिया। मैं भी अनायास इस सिस्टम में ढलने लगा। आज की क्लास में व्याख्या पढ़ाते हुए एक पद आया-

'लीक लीक सब कोई चले, लीकहिं चले कपूत;
लीक छोड़ कर तीन चलें, शायर सूर सपूत।'

आप सोचकर देखिए, इस पद को पढ़ते हुए क्या चल रहा होगा मन में? इस पद में पितृसत्तात्मक भाषा की जेंडर सेंसिटिव अप्रोच से आलोचना की गई कि आपको साहित्य की भाषा में सपूत-कपूत के बहाने पुत्र तो ख़ूब मिलेंगे मगर पुत्रियाँ

ग़ायब मिलेंगी। हम सांस्कृतिक ही नहीं, साहित्यिक और सामाजिक तौर पर तमाम भेदभाव को जीते हैं। तभी क्लास ख़त्म होने की घंटी बज गयी।

मैं अपने भीतर के आमूलचूल बदलाव लाने वाले प्रोफ़ेसर से समझौता कर चुका था। नौकरी के लिहाज़ से यह समझौतापरस्ती बहुत कारगर रणनीति साबित होनी थी मगर रीढ़ के लिहाज़ से बेहद ख़तरनाक। रीढ़ की हड्डी अगर तान कर रखी जाए तो झुकने में असह्य दर्द देना शुरू कर देती है। रीढ़ की हड्डी सख़्त हुई तो ख़ुद के और लचकदार हुई तो सिस्टम के फ़ायदे में रहती है। रीढ़ बुरी चीज़ है, क़ामयाब होने की शर्तें इसे झुकाती हैं। मगर जब तक ये बची रहती है, धनुष की प्रत्यञ्चा की तरह तनी रहती है। लचकदार होते ही आप हर कहीं 'फिट' हैं।

ग़लतफ़हमी हर दौर में लाइलाज़ रही है। हम भी ग़लतफ़हमी के शिकार थे कि हम असिस्टेंट प्रोफ़ेसर हैं मगर हमें कहाँ पता था कि दरअसल हम ठेके पर प्रोफ़ेसर हैं। अस्थायी होने की शर्त ही है लचकदार होना। इसीलिए सब कुछ अस्थायी किया जा रहा है।

प्रेमचंद के उपन्यास गोदान का होरी एक गाय की हसरत पाले मर गया। यहाँ एक अदद एडहॉक की हसरत पाले आज के होरी ज़िंदगी की जंग लड़ रहे हैं। अब देखते हैं आज के होरी की ज़िंदगी में क्या क्या होना बचा है। आज भी होरी सबसे कह रहा है-

'जिस पाँव के नीचे गर्दन दबी हो, उस पाँव को सहलाना ही समझदारी है।'

ठेके पर रखे गये लोग ऐसे ही अपनी गर्दन पर पड़े पैरों को सहलाने को मज़बूर किए जा चुके हैं। एडहॉक असिस्टेंट प्रोफ़ेसर अपने आस-पास के किसी ताक़तवर प्रोफ़ेसर से लेकर प्रिंसिपल व वीसी के पाँव सहला रहे होते हैं। उन सभी के पाँव, जिनमें वज़न है। वज़न का मतलब समझते हैं न?

मशहूर कथाकार चेखव की एक कहानी में क्लर्क पात्र इस बात को सोचते-सोचते मर गया कि उसकी छींक कहीं साहब को बुरी तो नहीं लग गयी? एक अस्थायी कर्मचारी अपने साहबों के सामने ऐसी कई छींक मार चुके होते हैं। इसीलिए तो वे हर दिन थोड़ा-थोड़ा मरते हैं। चेखव का यह क्लर्क स्कूल, ऑफिस, कम्पनियों में हर तरफ़ मौजूद है- अपनी छींक से डरते और रोज़ थोड़ा-थोड़ा मरते।

15 नवंबर, 2010

शोध-निर्देशक ऐसे भी

इन दिनों दिल्ली विश्वविद्यालय में असिस्टेंट प्रोफ़ेसर की स्थायी नियुक्तियों के लिए फ़ॉर्म भरे जा रहे हैं। कई कॉलेजों में इंटरव्यू चल रहा है। मेरे आस-पास हर दूसरा शख़्स यह सलाह ज़रूर देता है कि एडहॉक हूँ तो मुझे परमानेंट होने की भी कोशिशें शुरू कर देनी चाहिए। डीयू में स्थायी प्रोफ़ेसर होने की रवायत यह रही है कि जो एडहॉक हो जाते हैं, उनके परमानेंट होने की गुंजाइश ज़्यादा होती है। मेरे अपने विभाग के दोनों एडहॉक भी अभी अगस्त में परमानेंट हो गये। इस वक़्त डीयू में बमुश्किल सात-आठ सौ एडहॉक होंगे।

यह वह दौर है, जब 2006 के बाद डीयू में नियुक्तियाँ शुरू हुई हैं। मैं चार महीने पुराना एडहॉक हूँ। मगर आस-पास के सभी परिचित फॉर्म भर रहे हैं। अभी मेरी पीएच.डी. पूरी नहीं है। मगर न्यूनतम पात्रता यानी एम.ए. और नेट-जेआरएफ़ है इसलिए परमानेंट प्रोफ़ेसर बन सकता हूँ। इसी ऊहापोह में आज कॉलेज से लौटते हुए राय सर से मिलने चला गया।

डॉ. वीरेश्वर राय सर मेरे सुपरवाइज़र हैं। नॉर्थ कैंपस के बिरसा मुंडा कॉलेज में हिन्दी पढ़ाते हैं। जबसे मेरा एडहॉक हुआ है, राय सर बहुत ख़ुश रहते हैं। वैसे पहले भी बहुत मानते थे मगर अब ज़्यादा ख़ुश रहते हैं। पूरे कैंपस में हिन्दी के सबसे लोकप्रिय शिक्षकों में गिनती होती है उनकी। उनके धीर-गंभीर व्यक्तित्व को उनकी भाषा व संवाद कुशलता और गहराई देती है। आधुनिक कविता पर इतनी पकड़ है कि सामान्य संवाद भी प्रतीकों-बिंबों में कविता की तरह करते हैं। बेहद सजग, संजीदा व सौम्य व्यक्तित्व। राय सर क्लास लेकर लौटे। हालचाल लिया, पीएच.डी. के काम के बारे में बात की। थोड़ी देर बाद बोले- 'आओ लक्ष्मण! लंच करते हैं।'

जिस दौर में मेरे कई रिसर्चर दोस्तों की अपने सुपरवाइज़र से बहुत दूरी और तनाव है, राय सर मुझे साथ में खाना खिला रहे। उच्च शिक्षा में शोध-निर्देशक शिक्षक से आगे की कड़ी होता है। शोधार्थी उनके साथ तमाम विषयों पर गहराई से विमर्श करते हैं। उच्च शिक्षा का सबसे ख़ूबसूरत व ज़रूरी पक्ष है शोध। किसी भी समाज में नये विचार, नये विमर्श, नयी भाषा, नया नज़रिया विकसित करने की ज़िम्मेदारी उच्च शिक्षा पर होती है।

राय सर वैसे ही एक शोध निर्देशक हैं। असल मायने में एक शोध निर्देशक की अहमियत को तब महसूस किया जब अपने दोस्तों को उनके शोध-निर्देशकों के हाथों ज़लील होता देखा। मैंने टिफिन से रोटी का पहला टुकड़ा उठाया, सर बोले- 'और सुनाओ लक्ष्मण, कैसा चल रहा है अध्यापन कार्य? क्या-क्या पढ़ाने को मिला है?'

'बहुत अच्छा अनुभव है सर। ऑनर्स में भक्ति काव्य और प्रोग्राम में हिन्दी ए पढ़ा रहा हूँ।'

'खूब मन से पढ़ाओ। शिक्षक उस वैद्य की तरह है, जिसे अपने विद्यार्थी के लिए ज़िंदगी की बेतरतीब वनस्पतियों में से ज्ञान व विवेक की औषधि को पहचानने की कला सिखाना है। ट्रेनिंग दी जानी चाहिए कि कैसे पढ़ाएँ। वैसे अब पीएच.डी. का काम भी तेज़ कर दो। तुम्हारा विषय अच्छा है। अगर जल्दी पूरा कर लोगे तो स्थायी होने की संभावनाएँ बढ़ जाएँगी।'

राय सर मुझे लेकर इतना कुछ सोचते हैं और मैं नाहक तनाव लेता हूँ। नितिन और अशोक बार-बार कहते थे कि तुम्हारे सर जितना सीरियसली तुम्हारी पीएच.डी. को लेते हैं, उतना तुम्हें परमानेंट कराने को नहीं लेते। राय सर के साथ लंच करते हुए मैंने महसूस किया कि ये सब नाहक मुझे उकसाते रहते थे कि मैं ख़ुद राय सर से कुछ बोलूँ। इसकी ज़रूरत ही नहीं। थोड़ी देर बात करने के बाद हम बाहर बिरसा मुंडा कॉलेज की पार्किंग तक आए। जाते जाते सर बोले- 'तो ठीक है लक्ष्मण, चलो अब चलते हैं। परमानेंट वाले फ़ॉर्म भी भर देना। प्रयास करने में क्या हर्ज है।' वे अपनी मोटरकार से निकले, उनके पीछे मैं अपनी मोटरबाइक लेकर दूसरी दिशा में निकल पड़ा।

लुप्तप्राय होती जा रही सुपरवाइजर प्रजाति में वीरेश्वर राय सर जैसे लोग बहुत थोड़े हैं। कमरे पर पहुँचा तब तक रामबदन का फोन आ गया। रामबदन बुंदेलखंड यूनिवर्सिटी के इतिहास विभाग में शोधार्थी है। उसका डीयू में एडमिशन

नहीं हुआ तो लौट गया। अब घर रहकर बुंदेलखंड यूनिवर्सिटी से शोध कर रहा है। उसके प्रिय शिक्षक थे राय सर। मैंने ख़ुश होकर सर के साथ लंच वाली बात बताई तो वह बोल पड़ा-

'तुम मानो-न-मानो, यही क़िस्मत है दोस्त। उच्च शिक्षा अब विषयात्मक या विचारात्मक नहीं, बल्कि जुगाड़ात्मक हो चुकी है। जुगाड़ों ने विचारों को हरा दिया है। अब न विचारवान शोध निर्देशक बचे हैं और न ऐसे शोध की कोई अकादमिक अहमियत। विश्वविद्यालय परचून की दुकान बन चुके हैं और पीएच.डी. की डिग्री उस दुकान का एक महँगा सौदा।'

'अच्छा, ये सब छोड़ो। और सुनाओ, क्या कर रहे हो आजकल? हमेशा नेगेटिव बातें करते हो।'

'नेगेटिव नहीं दोस्त, यही इन कैम्पसों की हक़ीक़त है। मुझे ही देखो, मैं सब्ज़ी लेने आया हूँ अपने गुरुजी के लिए। उसके बाद उनके बेटे को ट्यूशन पढ़ाना है। यही मेरी पीएच.डी. का प्राइमरी रिसर्च प्रॉसेस है। देश भर के विश्वविद्यालय दिल्ली से कहाँ नज़र आते हैं? दिल्ली के पास अब न वह नज़र बची है और न वह दिल, जो दूर किसी कोने में पड़े हम जैसों के दर्द देख सके।'

मैं दिल्ली के अपने किराए के कमरे में बैठकर रामबदन की ये बातें सुन ही रहा था कि तब तक मक़ान मालिक की बुलंद चिंघाड़ सुनाई दी-

'ग्यारह महीने का एग्रीमेंट इस महीने पूरा हो गया। अब आपके कमरे का किराया साढ़े तीन हज़ार से बढ़कर साढ़े पाँच हज़ार प्लस बिजली पानी होगा।'

'मगर ये तो दस परसेंट से बहुत ज़्यादा है!'

'तो आप छोड़ दो। हम किसी और को दे देंगे। वैसे भी प्रॉपर्टी डीलर इसका छह हज़ार दिलवा रहा है।'

यह कहता हुआ मकान मालिक लौट गया। थोड़ी देर में अम्मा का फ़ोन आया। पूछा सब बढ़िया न? मैंने कहा, हाँ। खाना खा लिया? मैं बोला- बनाने जा रहा हूँ, हालचाल लेकर अम्मा ने फ़ोन रखा। मैंने कुकर चढ़ाए। उधर रेडियो में बेतहाशा विज्ञापनों के बाद सुनाई दिया- 'आप सुन रहे हैं विविध भारती का कार्यक्रम आज के फ़नकार।'

2 जनवरी, 2011

दो लोग और तीन एडहॉक

जैसे किसी मोबाइल का सिम कार्ड बिना रिचार्ज के 'बेकार' हो जाता है; वैसे ही एक एडहॉक असिस्टेंट प्रोफ़ेसर भी 'बेकार' हो जाता है, अगर उसे हर चार महीने बाद 'रिचार्ज' नहीं किया गया। जी हाँ! रिचार्ज।

आप सोच रहे होंगे कि एडहॉक की सिम कार्ड से ये कैसी बेतुकी तुलना कर रहा हूँ। मगर यह कड़वी हक़ीक़त है। डीयू के अस्थायी एडहॉक प्रोफ़ेसर को मात्र चार महीने के लिए ही ज्वाइनिंग लेटर दिया जाता है। उन्हें परमानेंट करने की बजाय एक दिन की छुट्टी देकर फिर से रिचार्ज कर देते हैं। अमूमन यही प्रक्रिया देश भर के बाक़ी विश्वविद्यालयों में भी चलती है- कहीं समय थोड़ा कम ज़्यादा होगा तो कहीं सैलरी व सुविधाएँ।

आज रिचार्ज वाला जनवरी का पहला कामकाजी दिन है। प्रिंसिपल ऑफ़िस से एक कर्मचारी को भेजा गया कि जाओ जाकर देख आओ, स्टाफ़ रूम में कितने लोग बैठे हैं। कर्मचारी स्टाफ़ रूम से लौटकर बोला-

'सर, दो लोग और तीन एडहॉक बैठे हैं।'

आपको लगेगा कि ये क्या मज़ाक़ है। यही हक़ीक़त है जनाब। हमारी पहचान अलग है। इंसान से अलग व्यवस्था की नज़र में हम एक संख्या हैं।

कॉलेज में सुबह से ही चहल-पहल है। अभी लेटर नहीं मिला है इसलिए सभी के चेहरे पर चिंता है। कुछ टीचर इंचार्ज एक अलग रुतबे में एडहॉक को देख रहे हैं, गोया मेरे रहमो-करम पर ही तुम एडहॉक का वजूद है। हालाँकि सबको पहले ही पता चल चुका है कि किस-किस एडहॉक को लेटर मिलेगा और किन्हें इस सेमेस्टर निकाल दिया गया है। मेरे अपने कॉलेज में क्या हुआ, पता नहीं चल

पाया। हमारी ज्वाइनिंग हो गयी। अगले सेमेस्टर का टाइम टेबल लेकर शुरुआती कक्षाएँ लीं और लौटते हुए कैंपस लाइब्रेरी की तरफ गया। लोहिया कॉलेज के दो दोस्त मिले। बातों-बातों में बताया कि बॉटनी वाले राघव को इस सेमेस्टर ज्वाइनिंग नहीं दी गयी।

राघव भारद्वाज राम मनोहर लोहिया कॉलेज के बॉटनी डिपार्टमेंट में पिछले ढाई साल से एडहॉक था। राघव लास्ट सेमेस्टर प्रैक्टिकल वाला पेपर 'सीनियर मोस्ट' के साथ शेयर करके पढ़ा रहा था। एक दिन 'सीनियर मोस्ट' के लिखे मीटिंग मिनट्स में एक छोटी-सी गलती दिखी तो उसे दुरुस्त कर दिया। इस बात को सीनियर प्रोफ़ेसर ने बेहद गंभीरता से ले लिया। मगर इसकी भनक राघव को न थी। उधर सीनियर प्रोफ़ेसर को राघव का 'रिचार्ज कूपन' ख़त्म होने का ही इंतज़ार था। वह दिन आ गया। राघव एडहॉक की सूची में अपना नाम न पाकर अपने टीआईसी के पास वजह पूछने गया। उसे देखते ही टीआईसी अपना गुबार निकालने लगीं-

'राघव, स्टूडेंट्स हैव मेनी कम्प्लेन अगेन्स्ट यू। दे हैव टू मच प्रॉबलम विद यू। सो दैट्स व्हाई आई थिंक यू आर नॉट अ परफेक्ट प्रोफ़ेसर फॉर आवर डिपार्टमेन्ट।'

'मै'म, देन इट्स क्वेश्चन ऑन योर एबिलिटी, बीकॉज़ यू सेलेक्ट मी ऐज़ ऐन असिस्टेंट प्रोफ़ेसर। देन यू सॉ ऑल एबिलिटी इन मी। बट नाऊ यू फील डिफरेंट थिंग। व्हॉट अबाउट दिस, मै'म?'

राघव अमूमन बोलता नहीं मगर आज उसने सीधा सवाल कर दिया। विभाग के बाकी एडहॉक सहम गये। राघव आज बाकी सभी की आँख का तारा बन गया था क्योंकि बिना ग़लतियाँ बताए वे सब भी किसी न किसी दिन उस सीनियर मैडम का कोप भाजन हो चुके थे।

राघव को पता नहीं था कि शिक्षक होने के बुनियादी सिद्धांत अपनी कक्षा के बच्चों के लिए जो होते हैं, वही अपने सीनियर फैकल्टी मेंबर के लिए नहीं होते। मूल्य और व्यवहार को हालात के मुताबिक बदल पाने में माहिर ही समझदार कहलाते हैं!

इस पूरे वाकये को बहुत शिद्दत से वे बताए जा रहे थे और मैं बिना राघव से मिले उनके बारे में सुनता जा रहा था। राघव की अकादमिक ट्रेनिंग में सवाल पूछना बच्चों को सिखाया जाने वाला सबसे बुनियादी सिद्धांत था। सवालों के चलते ही जेएनयू के उसके प्रोफ़ेसर उसे बहुत पसंद करते थे। आँखों में आँखें डालकर

पूरे आत्मविश्वास से सवाल करना उसके व्यक्तित्व की असल ताक़त थी। उसने सोचा भी न था कि एक दिन उसकी यही ताक़त प्रोफ़ेसर के इस पेशे में सबसे बड़ी कमज़ोरी साबित होगी। राघव फिर कैंपस में किसी को नहीं दिखा। बाद में पता चला कि वह विदेश के किसी बड़े कैंपस में प्रोफ़ेसर हो गया।

जिस पेशे को लेकर मैं रोमांटिक और पॉज़िटिव फील कर रहा था, आज चार महीने बाद वही क़िस्सा ट्रेजेडी-जैसा महसूस होने लगा।

28 मार्च, 2011

ख़ौफ़ और ख़्वाब

आज परमानेंट असिस्टेंट प्रोफ़ेसर के लिए मेरा पहला इंटरव्यू है। डीयू के दक्षिणी परिसर में आने वाले सम्राट अशोक कॉलेज के हिन्दी विभाग में दो पदों पर इंटरव्यू होना है। एक अनरिजर्व्ड यानी अनारक्षित और एक ओबीसी। मेरे साथ इंटरव्यू देने गये अमरजीत ने पहुँचते ही मनोहर चौबे से मेरा परिचय कराते हुए बताया कि यह नियुक्तियों की राजनीति पर बहुत गहरी पकड़ रखता है। अमरजीत ने कहा कि मनोहर की इस क़ाबिलियत का अंदाज़ा इस बात से लगाइए कि उसे अपना छोड़ सबका भूत-वर्तमान-भविष्य सब पता है। अमरजीत ने जब यहाँ का समीकरण पूछा तो मनोहर बताने लगा-

'हमेशा की तरह परमानेंट इंटरव्यू लेने आने वाले प्रोफ़ेसरों के साथ कुछ संभावित नाम चलकर इस वक़्त कॉलेज तक पहुँच चुके हैं। यहाँ यूआर पद पर तो प्रमोद पांडेय का होना तय है। ओबीसी को लेकर थोड़ा झगड़ा है। तीन कैंडीडेट हैं, फिर भी अजीत के चांस ज़्यादा हैं क्योंकि उसका 2011 में रानी दुर्गावती कॉलेज में नहीं हो पाया था।'

यह सब सुनना मेरे लिए अज़ीब-ओ-ग़रीब अहसास है। मैं कई दिन से बेहद तनाव में था। परमानेंट के अपने पहले इंटरव्यू की तैयारी का दबाव था। अपने विषय से जुड़े हर संभावित सवालों के जवाब तैयार किए। कुछ दोस्तों के साथ मॉक इंटरव्यू तक दिये। सारी तैयारी केवल इस दबाव से उबरने के लिए कि परमानेंट का पहला इंटरव्यू है। सेलेक्शन भले न हो मगर इंटरव्यू अच्छा हो। तनाव का आलम तो यह था कि बीती रात अजीब वाक़या हुआ मेरे साथ।

मेरा इंटरव्यू शुरू हो गया। लेकिन यह क्या! उनके सवाल अजीब से थे। मसलन दिल्ली क्या सोचकर चले आए? इलाहाबाद यूनिवर्सिटी से ही पीएच.डी. क्यों नहीं किया? तब तक साथ वाला बोर्ड मेम्बर बोला- वहाँ एडहॉक नहीं मिलता न? तुमने सोच भी कैसे लिया कि डीयू के ऐसे आलीशान कॉलेज में परमानेंट हो जाओगे। सब ज़ोर-ज़ोर से हँसने लगे। हँसने की आवाज़ें बाहर तक जा रही थीं। उनकी हँसी चुभ रही थी। मैं बहुत डर गया। जैसे ही मैं ग़ुस्से से चीख़ने वाला हुआ कि अकबका गया। नींद खुल गई। अरे! यह तो एक बुरा ख़्वाब था। ज़्यादा तनाव ले लिया। पुरानी मुश्किल पीछा नहीं छोड़ रही। हर इम्तिहान की पिछली रात सपनों में मेरा एक डेमो इम्तिहान होता जो हमेशा बुरा ही रहता। कभी क़लम ही नहीं चलती तो कभी किसी सवाल का कोई जवाब ही नहीं आता। हम जैसों को हर बड़ा अवसर डराता है।

इंटरव्यू देने के लिए आए एक से एक अनुभवी चेहरे यहाँ दिख रहे हैं। सबके हाथों में अपनी अपनी अकादमिक जमा पूँजी के वज़नदार झोले चलकर साथ आए हैं। चूँकि यह मेरा पहला इंटरव्यू था तो सोचा वहाँ सब बैठकर ये बात करेंगे कि कौन कौन एक्सपर्ट आए हैं और वे क्या क्या सवाल करेंगे। लेकिन यहाँ आकर देखा कि इंटरव्यू देने वालों के बीच अलग तरह की बातें हो रही हैं।

सबकी ज़ुबान से एक नाम बार बार लिया जा रहा है, प्रोफ़ेसर रामशंकर त्रिवेदी। नियुक्ति विशेषज्ञ अमरजीत की आकाशवाणी शुरू हो गयी-

'प्रोफ़ेसर रामशंकर त्रिवेदी जिसको चाहेंगे, सेलेक्शन उसी का होगा। यहाँ तो प्रमोद पांडेय का होना तय है। सुना है रामशंकर त्रिवेदी ने हाँ कर दिया है। प्रमोद बारह साल से एडहॉक पर पढ़ा रहे हैं।'

तभी दूसरे कोने से आवाज़ आई-'नहीं प्रमोद का मुश्किल है, उसके अपने संगठन एबीसी वाले ही नहीं होने देना चाहते।'

अमरजीत ने पुख़्ता ख़बर देने जैसे आत्मविश्वास के साथ कहा-

'इस बार तो उसने अपने संगठन के साथ प्रिंसिपल को सेट कर लिया है। प्रिंसिपल हैं तो लेफ़्टिस्ट मगर आजकल उनकी रामशंकर त्रिवेदी से अच्छी बनती है। विचारधारा की रुमाल स्वार्थ में लपेटकर ताक़त की कुर्सी चाहने वाला शख़्स सबसे पहले उसी रुमाल को दूसरे रंग में रंगता है। कुर्सी की लालच अकादमिक हत्या तक कर देती है। परमानेंट असिस्टेंट प्रोफ़ेसर का हर इंटरव्यू उन अकादमिक हत्याओं का निर्लज्ज समारोह होता है।'

यह सुनते हुए ऐसा महसूस हो रहा था कि किसी सट्टा बाज़ार में खड़ा हूँ या किसी मंडी में। प्रोफ़ेसर की मंडी। पास बैठे मुझसे दोगुनी उम्र के व्यक्ति ने बातचीत शुरू कर दी। मैं उससे बात करने में ख़ुद को सहज करने लगा। सामान्य परिचय हुआ। उधर इंटरव्यू भी रुक गया। लंच हो गया है। हम दोनों उठकर चाय पीने कैंटीन आ गये। हम डीयू के इस खेल में कमोबेश एक जैसे थे। उम्र को अपने अनुभव से छिपाने की नाक़ाम कोशिश करते हुए वे बोले-

'भाई साहब, ये प्रोफ़ेसर रामशंकर त्रिवेदी कौन है? मैं राजस्थान के अजमेर से यह इंटरव्यू देने आया हूँ। आठ किताबें लिखी हैं, ग्यारह लेख छपे हैं, नौ साल से अपने यहाँ के एक डिग्री कॉलेज में साढ़े सात हज़ार पर पढ़ा रहा हूँ। बड़ी उम्मीद से यहाँ आया हूँ लेकिन यहाँ आकर सुन रहा कि सब पहले से फ़िक्स है। फिर हम जैसों का क्या होगा?'

उनकी आँखें भर आईं। काँपते हाथों से चाय का कप मेज़ पर रखा। अपना झोला कंधे पर लेकर प्रिंसिपल ऑफिस की तरफ़ चल पड़े। मैं समझ नहीं पाया कि वे यह सब मुझे क्यों सुना रहे थे। शायद अपनी ही तरह मुझे भी बेबस देख उनके भीतर का दर्द निकल पड़ा होगा।

थोड़ी देर में मेरा नाम पुकारा गया। मैं बोर्ड के सामने पहुँचा। एक बड़ी सी मेज के चारो तरफ पाँच परमेश्वर जैसे लोग बैठे हैं। बीच में एक बड़ी कुर्सी पर सबसे खास कोई एक शख़्स है, बाकी लोग उनके अग़ल बग़ल बैठे हैं। कब मेरा इंटरव्यू शुरू हुआ और कब ख़त्म हो गया, पता ही नहीं चला। मुझसे कुल मिलाकर तीन सवाल किये गये-

'अपने बारे में कुछ बताइए। अपनी पीएच.डी. का टॉपिक बताइए। तुलसी के रामराज्य की प्रासंगिकता बताइए।'

बाहर निकलकर मैं बस यही सोचता रहा कि इस ढाई मिनट के इंटरव्यू और कुल तीन सवालों से कैसे कोई मेरी क़ाबिलियत को परख पाया होगा? इससे अच्छा इंटरव्यू तो मौलाना आज़ाद दिल्ली कॉलेज का एडहॉक वाला हुआ था। मैं डिग्रियों से भरा झोला और मन का ख़ालीपन लिए लौट आया। लौटते हुए राजस्थान से आये सज्जन का चेहरा और उनकी बातें बहुत दूर तक साये की तरह चलती आईं।

देखना चाहें तो दिल्ली में ही आपको सैकड़ों नाकामयाब थॉमस अल्वा एडिसन मिल जाएँगे जो आज भी अपने सौवें बल्ब के जल जाने के इंतज़ार में इंटरव्यू पर इंटरव्यू दिए जा रहे हैं। वे इंटरव्यू के वक़्त ही जमाने को नज़र आते हैं, फिर अगले

इंटरव्यू तक कहीं खो जाते हैं। एक अदद नौकरी दिलाने में फेल उनकी डिग्रियाँ सब कुछ जानते हुए भी उन्हें हर इंटरव्यू तक खींच लाती हैं। उनको अकादमिक दुनिया में कौन खोजता है? बाकी वक़्त वे कहाँ कैसे जीते हैं? किसे पता।

अकादमिक दुनिया चंद 'क़ामयाब' लोगों से अपनी पहचान जोड़कर अपनी पीठ थपथपाया करती है। जैसे डीएम, एसपी, अधिकारी या व्यापारी। जो इन कैम्पसों से वापस लौट गये, उन्हें कौन पूछता है? किसी कैंपस या हॉस्टल के 'एलुमिनाई मीट' में यही क़ामयाब लोग जुटते हैं। जश्न मनाते हैं। ताक़त के मुताबिक़ रिश्ते जोड़ते हैं। फिर लौट जाते हैं। ऐसे 'एलुमिनाई मीट' में उसी कैंपस से निकले अनगिनत लोग कहाँ गुम हो गये, कौन खोजता है?

कमरे पर आया। सोचा कि इससे अच्छा तो मैं यूपीएससी की ही तैयारी कर डालूँ। कम से कम इम्तिहान के ज़रिए ख़ुद के भरोसे क़ामयाब होने की गुंजाइश तो रहेगी।

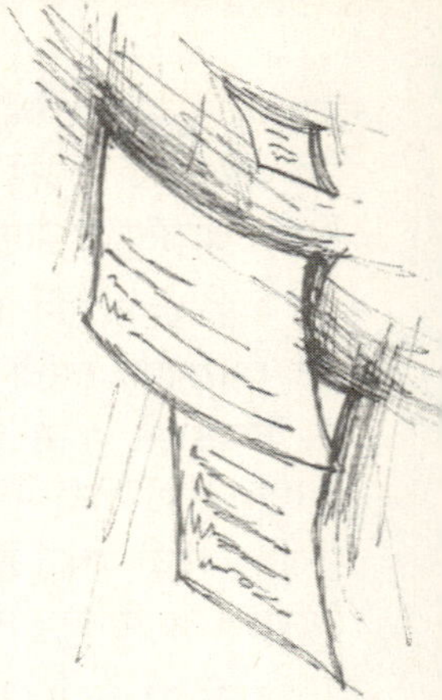

18 अप्रैल, 2011

सुपरवाइज़र की कंघी

आज क्लास लेकर कैंपस आया। पीएच.डी. की कुछ किताबें जुटानी थीं। तभी विवेक ने फ़ोन करके बुला लिया। विवेक हमसे एक साल सीनियर है लेकिन पीएच. डी. में मेरा जूनियर है। आज मिलते ही बोला-

'लक्ष्मण भाई, मेरे साथ डिपार्टमेन्ट चले चलो।'

'क्यों, क्या हुआ? बहुत परेशान लग रहे हो।'

'अब क्या क्या क़िस्सा सुनाएँ दोस्त। कभी सोचा न था कि ऐसे दिन भी देखने को मिलेंगे।'

'बताओ तो सही, हुआ क्या ?'

'हम पहली पीढ़ी के लोग हैं जो इन विश्वविद्यालयों की दहलीज़ तक आ गये। एक दलित पिछड़े शोधार्थी के लिए फ़ेलोशिप क्या होती है, उसे वे लोग कभी नहीं समझते। फ़ेलोशिप से ख़ुद भी पढ़ रहा हूँ और कुछ पैसे बचा कर इलाहाबाद में छोटे भाई को पढ़ा रहा हूँ। लेकिन बहुत परेशान हो गया हूँ।'

विवेक की ये बातें मुझे अजीब लग रही थीं। बहुत टूटा हुआ लग रहा था विवेक। मैंने थोड़ा ठहर कर पूछा-

'बहुत तनाव में हो। पूरी बात तो बताओ, हुआ क्या है?'

उसका गुस्सा आँखों के कोर को गीला करते हुए बह निकला-

'मेरे सुपरवाइज़र ने बहुत परेशान कर दिया है। मुझसे तीन लेख लिखवाए और अपने नाम से छपवा लिया। मैंने भी सोचा गुरुजी हैं। ज्ञान मेरा है, भले नाम उनका छपा तो क्या हुआ। चार महीने से फ़ेलोशिप अप्लाई नहीं कर पाया। हर

बार कोई बहाना बना कर टाल देते हैं। कल बोले ये दो किताबें खोज कर ले आना, साइन भी करवा लेना। मैं उनके लिए सेंट्रल लाइब्रेरी, दिल्ली पब्लिक लाइब्रेरी से लेकर साहित्य अकादमी तक गया। खोज कर किताबें दीं तो बोले अचानक मंत्रालय जाना है, अब कल आकर साइन करवा लेना। कल गया तो बंदा आया ही नहीं, हफ़्ते भर की छुट्टी लेकर आगरा भाषण देने चला गया। आज आया है, सोच रहा हूँ आज उसे सुना दूँगा। तुम साथ चले चलो।'

फ़ेलोशिप की बात आते ही मैं भावुक हो जाता हूँ। हम उस पीढ़ी के लोग हैं, जिनकी शुरुआती शिक्षा उस दौर में हुई, जब शिक्षा की अहमियत बरकरार थी। बाबा से यह सुनते हुए बचपन बीता कि- 'खेलोगे कूदोगे होगे ख़राब, पढ़ोगे लिखोगे बनोगे नवाब'। अफ़सरशाही का पैसा और पॉवर ढहते हुए नवाबी का नया रूप ही तो है। एक आम अनपढ़ इंसान भी पेट काटकर, ज़रूरत पड़ी तो खेत-खलिहान, जगह-ज़मीन, गहने-गुरिया गिरवी रखकर भी अपने घर के बच्चे को पढ़ने लिखने भेजता रहा। धीरे-धीरे रोज़गार और तालीम का रिश्ता टूटने लगा। शिक्षा का चरित्र समाजवादी से पूंजीवादी होता चला गया।

आज विवेक ने कहा कि अगर फ़ेलोशिप न मिलती तो वह कभी यहाँ तक नहीं पहुँच पाता। एक फ़ेलोशिप जाने कितनों के ख़्वाबों को हक़ीक़त में तब्दील करने का ज़रिया बन जाती है, इसे वे कभी नहीं समझ पाएंगे, जिनके लिए उच्च शिक्षा वक़्त बिताने का शौक़ हो। फ़ेलोशिप जैसी एक पॉलिसी ने इस देश के किसान-कामगार बहुजन परिवारों में कितनी बड़ी क्रांति की, इस पर अलग से रिसर्च होना चाहिए। हज़ारों परिवारों में पहली बार किसी केंद्रीय विश्वविद्यालय तक कोई पहुँच गया तो कोई विदेश में पढ़ने जा सका। एक पॉलिसी बदल जाये तो कितना कुछ बदल जाता है। इसीलिए मान्यवर कांशीराम ने राजनीतिक सत्ता को 'गुरु-किल्ली' यानी मास्टर-की कहा था। हम जैसों के लिए उच्च शिक्षा ग़ुलामी की ज़ंजीरों को तोड़ने का ज़रिया है। महात्मा ज्योतिबा फुले ने कहा है-

'विद्या बिना गई मति, मति बिन गई गति,
गति बिन गई नीति, नीति बिन गया वित्त।
वित्त बिन चरमराए शूद्र,
एक अविद्या ने किए कितने अनर्थ।'

विवेक के साथ ख़्यालों में गुम मैं भी डिपार्टमेन्ट पहुँच गया। विवेक अपने ग़ुस्से का अभ्यास करता गया कि सुपरवाइज़र को देखते ही आज सुना दूँगा कि

'सर आज साइन कर दीजिए। तीन महीने से मकान का किराया नहीं दिया है। हजारों रुपये उधार ले चुका हूँ। ऐसे में पीएच.डी. क्या ख़ाक लिखूँगा।'

विद्रोही होने को आमादा विवेक डिपार्टमेन्ट पहुँच कर मक्खन-सा पसीज गया। ग़ुस्सा ज़ाहिर करने की बजाय उसने अपने सुपरवाइज़र डॉ. अभिनंदन कुमार को देखते ही चरण छुए और हाथ जोड़कर खड़ा हो गया। हालातों ने जाने कितने 'विवेक' को अकादमिक दुनिया का व्यवसायी बना दिया। आज जाने क्या सूझा तो उसके सुपरवाइज़र प्रो. अभिनंदन कुमार ने कहा-

'आज तो साइन कर दे रहा। अब अगली बार साइन तब करवाने आना, जब पीएच.डी. का तीसरा चैप्टर लिख लेना। सरकार का पैसा लेकर उड़ाना ग़लत है। मैंने तुमसे कहा था कि एक पीडीएफ़ प्रपोज़ल आदिकाल पर बनाकर लाओ। आज तक क्यों नहीं लाए?

'सर! यूपी हायर का पेपर है तो सोचा पढ़ लूँ। तीन लेख तो लिखकर दिया है। इस बार माफ़ कर दें सर।'

'तो फिर अब तभी फ़ेलोशिप पर साइन होगी, जब चैप्टर लिखकर लाओगे।'

'ठीक है सर, कुछ किताबें बता दीजिए, कुछ गाइड कर दीजिए।'

'मैं क्यों ये सब करूँ, पीएच.डी. तुमको करनी है या मुझे? मेहनत करो, भाग-दौड़ करो। करना -धरना कुछ है नहीं, बस पैसे लेने मुफ़्त का चले आएँगे। जनता के टैक्स का पैसा है- समझे।'

प्रोफ़ेसर अभिनंदन कुमार डीयू में एसोसिएट प्रोफ़ेसर थे और मेरे सुपरवाइज़र डॉ. वीरेश्वर राय बिरसा मुंडा कॉलेज में। अभिनंदन कुमार जेएनयू से आये थे। यह सब सुनते हुए बस यही सोच रहा था कि अभिनंदन कुमार और राय सर की विद्वत्ता में कोई तुलना ही नहीं। लेकिन बतौर शोध-निर्देशक राय सर का अभिनंदन कुमार जैसों से कितना अलहदा व्यवहार है। विवेक तो बस इतने से ख़ुश था कि तीन महीने बाद आज वह फ़ेलोशिप क्लेम कर रहा। जाते-जाते बोला-

'सर की मैडम जेएनयू में हैं। अगले महीने उनका एसोसिएट प्रोफ़ेसर के लिए प्रमोशन होने वाला है। सर उन्हीं के लिए प्रपोज़ल लिखने को बोले हैं। गुरुजी का व्यवहार भले थोड़ा रूखा हो मगर इंसान अच्छे हैं। अपना हर छोटा-बड़ा काम करवाते हैं। हमारे घरेलू संबंध हैं। एक बार मुझसे ही गुरु की सेवा में थोड़ी कमी सी रह गयी थी। एक बार उन्हें डिपार्टमेंट से सीधे विश्व हिन्दी सम्मेलन में मॉरीशस जाना था। जापान से उसी दिन लौटे थे। इसलिए एक पूरा बैग-पैक बनाकर लाने

को बोले। मैं कमला नगर से एक तौलिया, दो सेट अंडर गारमेंट्स, साबुनदानी, आलमंड हेयर ऑयल, सनस्क्रीम सब ले गया; मगर कंघी रह गयी। अब जैसे लेख में फुटनोट ही ना रहे तो गाइड नाराज़ तो होंगे ही? कल काजू कतली और कलाकंद लेकर उनके घर चला जाऊँगा। सर को काजू कतली और मैडम को कलाकंद बहुत पसंद है। ख़ुश हो जाएँगे। तुमको पता है सर कितने पावरफुल हैं। कांग्रेस में अंदर तक पहुँच है।'

विवेक फ़ेलोशिप सेल चला गया। मैं भी लौटते हुए सोचने लगा कि कई रिसर्चर अपने सुपरवाइज़र के घर तक जाते हैं। समीर को तो दुबे सर का कुत्ता जैक्शन भी पहचानता है। सुगंधा हर वीकेंड वसुंधरा जाकर अपनी मै'म के लिये नयी-नयी डिश बनाती है। सबने कहा कि एक रिसर्चर में सबसे बड़ी क़ाबिलियत यह है कि वह अपने सुपरवाइज़र से घरेलू तौर पर कितना करीब है। इसके बिना एडमिशन प्रक्रिया अधूरी है।

मुझे याद है कि जब मैंने एक बार राय सर से बोला कि सर, आप कहें घर आ जाऊँ? राय सर ने डाँटते हुए कहा- 'पढ़ाई-लिखाई का सारा काम मेरे कॉलेज से आपकी लाइब्रेरी तक ही होना चाहिए। मैं उतना वक़्त दे दूँगा आपको। घर आने की कोई ज़रूरत नहीं। घर आने-जाने से पढ़ाई-लिखाई की बजाय चापलूसी होती है। मैं अपने किसी रिसर्चर को घर नहीं बुलाता। घर की बजाय लाइब्रेरी से नज़दीकी बनाइए।' आज विवेक को देखकर राय सर की बात समझ आई कि रीढ़ बचाये रहने के लिए शोधार्थी बनना ज़रूरी है, घरेलू नहीं।

किसी गाँव क़स्बे से चलकर जब किसी युवा के सामने यह व्यवस्था अपना ज़मीर बेचकर नौकर, चापलूस या लठैत बनने को मज़बूर कर दे तो अक्सर ख़्वाबों के आगे ज़मीर हार जाता है। इसलिए जब कोई एक युवा किसी सुपरवाइज़र का किसी प्रोफ़ेसर या कुलपति का या किसी नेता रूपी आका का चापलूस बनना चुनता है तो इसका दोषी अकेला वह युवा नहीं होता। सारा सिस्टम इस समझौते की ज़मीन तैयार करता है। एक युवा के रिसर्चर से दिहाड़ी हेल्पर व फैमिली सर्वेंट बन जाने को उस मज़बूर शख़्स की अवसरवादिता कहेंगे या सिस्टम की सामंती ज़रूरत?

12 फरवरी, 2012

जाति, जो जाती नहीं

दिल्ली विश्वविद्यालय में इन दिनों कुलपति प्रो. मार्कण्डेय सिंह का बोलबाला है। इनके पिता भी प्रोफ़ेसर और कुलपति रहे। प्रो. मार्कण्डेय सिंह भी कुलपति बनने से पहले तक एक अच्छे प्रोफ़ेसर माने जाते थे। साढ़े छह फुट की कदकाठी का यह शख़्स जब साउथ कैंपस के गलियारों में घूमता तो उसके चाहने वाले विद्यार्थियों का ताँता लग जाता था। आज वही शख़्स डीयू का कुलपति है। नये साल के शुरू होते ही अब पूरा कैंपस बदलने लगा है। यह बदलाव भीतरी संरचना में भी आ रहा है और बाहरी नुमाइश में भी।

नॉर्थ कैंपस पूरे विश्वविद्यालय का केंद्र है। सारे ऑफ़िस और कुलपति आवास भी यहीं है। सभी विभागों के प्रमुख यहीं बैठते हैं। साउथ कैंपस तो बस इसका इमारती विस्तार लगता है। इसलिए नॉर्थ कैंपस ही सभी तरह की हलचलों का अड्डा भी बना रहता है। दिल्ली विश्वविद्यालय शिक्षक संघ यानी डूटा का ऑफ़िस भी यहीं है। इसलिए अमूमन डीयू होने का बाई डिफ़ाल्ट मतलब नॉर्थ कैंपस ही है।

यह वह वक़्त है, जब डीयू में सेमेस्टर पैटर्न लागू हुए थे। ज्ञान आयोग के साथ ही सैम पित्रोदा कमेटी ने उच्च शिक्षा में आमूलचूल बदलाव के दावे किए जिसके सूत्र डबल्यूटीओ तक जुड़े बताए जाते हैं। दरअसल पता ये चला कि इस वक़्त की सरकार ने वैश्विक संगठनों के दबाव में उस क़रार पर दस्तख़त कर दिया है, जिसके तहत सार्वजनिक शिक्षा क्षेत्र में भी निजी पूँजी और विदेशी निवेश के आने का रास्ता खोल दिया गया।

छात्र व शिक्षक सब मिलकर सेमेस्टर सिस्टम का विरोध कर रहे हैं। इस विरोध के पीछे तर्क़ यह है कि सालाना परीक्षा प्रणाली एक बेहतर विकल्प था। एक शिक्षक अपनी कक्षाओं में विद्यार्थियों के साथ धैर्य से संवाद व विमर्श करता है। विद्यार्थी को भी तसल्ली से पाठ्यक्रम के ज़रिए उसके बाहर की दुनिया से एक सजीव रिश्ता क़ायम करने का पर्याप्त अवसर मिलता है। सेमेस्टर सिस्टम इस अवसर को ग़ैर-ज़रूरी हड़बड़ी में तब्दील कर देगा। शिक्षकों पर चंद महीनों में पूरा सिलेबस ख़त्म करने का दबाव होगा। विद्यार्थियों पर भी जल्दी-जल्दी इम्तिहान देने का दबाव रहेगा। इससे उच्च शिक्षा डिग्रियाँ बाँटने की व्यवस्था बनकर रह जाएगी। मगर केंद्र की यूपीए सरकार ने तमाम विरोधों के बावजूद उच्च शिक्षा में सेमेस्टर सिस्टम लागू कर दिया। उसके बाद से कमोबेश देश भर के स्नातक और परास्नातक में हर छह महीने बाद इम्तिहान होने लगे। इसी दौर में अनगिनत राज्य विश्वविद्यालयों में तीन साल का बीए पाँच से छह साल में होता है। इससे खाइयाँ और गहरी होंगी।

कुलपति प्रो. मार्कण्डेय सिंह ने पिछले एक डेढ़ साल में धड़ल्ले से डीयू को सैकड़ों परमानेंट प्रोफ़ेसर से नवाज़ दिया था। तमाम बड़े-बड़े क़द या पद से जुड़े लोग इस दौर में परमानेंट हो गये। उन्हीं में से एक नये-नये परमानेंट हुए रमेश सर बताने लगे-

'ये यूपीए सरकार है। इसमें सभी रंग के लोगों की नियुक्तियाँ होती हैं। प्रोफ़ेसरों में जहाँ जिसकी चली, सबका परमानेंट करवाते गये। सब सीक्वेंस से होता है, बिलकुल नंबर से। मेरे गुरुजी ने पहले ही बता दिया था कि मेरा चौथा नंबर है। तीन लोग परमानेंट हो गये तो देखो अब चौथे नंबर पर गुरुजी ने मुझे भी परमानेंट करवा दिया।'

रमेश कुमार निर्मोही की पढ़ाई यहीं डीयू से हुई है इसलिए वह सबको और सब उन्हें जानते हैं। आज वह अपनी ख़ुशी के साथ साथ मेरी चिंता भी किए जा रहे हैं। अपनी जाति को लेकर सजग रमेश के परिवार वालों ने उसके नाम से जाति हटा कर कुमार लगा दिया था। डीयू में आकर रमेश ने अपना तख़ल्लुस लगा लिया निर्मोही। मुझे बाद में पता चला कि तख़ल्लुस कई बार जाति को छिपाकर बिगड़ा काम भी बना देता है।

'सर की यही बात उन्हें सबसे अलग बनाती है कि वे ज़बान के पक्के हैं। एक बार अगर सर ने कह दिया कि ठीक है तो समझ लो अब डीयू में तुम्हारी नौकरी पक्की। कंधे पर हाथ रख दिया, पीठ ठोंक दी; तो किसी से भी लड़कर नौकरी पक्की

करवा देते हैं। रिकॉर्ड रहा है उनका। मैं तो कहता हूँ लक्ष्मण, तुम भी चलो, मिलवा दूँ। उसके बाद का तुम्हें खुद देखना है। यूँ तो सर का दिल बहुत बड़ा है लेकिन उसमें तुम्हें अपनी जगह खुद बनानी होगी।'

फ़िज़ाओं में शोर था कि यूनिवर्सिटी आजकल किन्हीं रवींद्र राय के इशारों पर चलती है। रवींद्र राय वैसे तो कुलपति के बाद तीसरे चौथे नंबर वाले प्रशासक थे मगर 'जुगाड़' वाली अपनी क़ाबिलियत के चलते वे ही यूनिवर्सिटी चला रहे थे। रमेश ने बहुत उत्साहित किया मगर मैं उनके साथ न जा सका। इससे नाराज़ होकर रमेश सर किसी और को साथ ले गये। जाते हुए कहते गये-

'पछताओगे। किसी के यहाँ आना-जाना नहीं करोगे तो घर बैठे परमानेंट नहीं हो जाएगा। तुम्हारे जैसे हजारों घूम रहे हैं। क़लम और किताब जिस जगह आकर साथ छोड़ देती है, उसके आगे का सफ़र किसी आशीर्वाद के ज़रिए ही तय होता है वरना डूब जाओगे। ऐसे कोई पूछेगा नहीं। एडहॉक ही रह जाओगे। या किसी दिन वह भी नहीं बचेगा, तब क्या करोगे?'

अब तक किसी ने ऐसे न पढ़ाया-लिखाया था और न इतना खुलकर बताया था कि प्रोफ़ेसर बनने के लिए कई बार क़लम किताबें व क़ाबिलियत से जुटाई गई डिग्रियाँ भी साथ छोड़ देती हैं। हमने तो अब तक यही समझा था कि तमाम प्रतिभाशाली लोगों को अच्छे विश्वविद्यालयों में बिना ऐसे किसी 'जुगाड़' के भी नौकरी मिलती रही है। खुद को मैं उन्हीं की क़तार में देखता आया। मगर यह सब सुनकर मैं और टूट गया। मुझे वैसे भी किसी प्रोफ़ेसर से मिलने, उन्हें फोन करने में बहुत हिचक होती थी। वह भी जब पैरवी करना हो!

यह एडहॉक और परमानेंट का सिस्टम इतना पेचीदा है, जिसका ज़रा भी अंदाज़ा मुझे न था। रघु दा ने बहुत पहले इस सिस्टम को समझाते हुए अपना रिसर्च एक्सपीरिएंस साझा किया था कि एडहॉक चार प्रकार के होते हैं- संस्कारी, सहनशील, उदासीन और बिगड़ैल।

संस्कारी एडहॉक इस व्यवस्था के लिए सबसे आदर्श हैं। इन्हें परफेक्ट एडहॉक कहा जाना चाहिए। ये एडहॉक हवाओं का रुख भाँप लेते हैं। इन्हें पता होता है कि किस रास्ते एडहॉक होना है। इसके लिए ये हर वो काम करते हैं जो इनकी कैलकुलेटेड शेड्यूल के लिए ज़रूरी हो। इस प्रकार के एडहॉक की तादाद शुरुआत में नगण्य हुआ करती थी मगर अब ये बड़ी तादाद में पाये जाते हैं।

सब कुछ सह जाने वाले सहनशील एडहॉक होते हैं। इन्हें चुप्पा एडहॉक कहना सबसे सटीक होगा। नौकरी मिल जाने पर किसी भी क़ीमत पर ये नौकरी बचाने में लगे रहते हैं। या तो इनके पास कोई और रास्ता नहीं बचा है या ये और कहीं जाने के क़ाबिल ही नहीं बचे। हमेशा समझौता करने और हर हालात में चुपचाप ढल जाने को तैयार रहते हैं। यानी इन्हें कॉम्प्रोमाइज़िंग एडहॉक कहा जाना इनकी क़ाबिलियत के साथ न्याय करेगा।

उदासीन एडहॉक वे हैं जो किसी मज़बूरी या टाइम पास के चलते ये नौकरी कर रहे हैं। ये कुछ और न हो सके तो एडहॉक हो गये। इसलिए ये सब कुछ से उदासीन रहते हैं। एक बड़ी तादाद में ऐसे उदासीन लोग जगह घेरे हुए हैं।

बिगड़ैल एडहॉक। अमूमन ये क़ाबिल मगर उपेक्षित लोग होते हैं। इन्हें कोई पसंद नहीं करता। इनकी तादाद बहुत कम होती है। इनके बोलने और लड़ने का फ़ायदा सभी को मिलता है। ये इस पूरे सिस्टम की रीढ़ हैं इसलिए सबसे ज़्यादा निशाने पर रहते हैं। इनके पास रीढ़ है, इसीलिए ज़बान भी है। ऐसे में व्यवस्था के लिए बिगड़ैल नहीं तो और क्या होंगे!

इस कैटेगरीवार आंकलन में उन्नीस बीस का ही फ़र्क़ होगा लेकिन हर एक का दायरा इतना सिमट चुका है कि वे किसी न किसी एक खाँचें में फिट आ जाते हैं। इसे आप एडहॉकिज़्म की वर्ण व्यवस्था भी कह सकते हैं। बशर्ते कि यह कर्मणा है। यानी आपकी हरकतें, आपका काम बताता है कि आप किस पायदान पर हैं। इसे कोई और आप पर थोपता नहीं, आप इनमें से एक होना चुनते हैं।

डीटीसी की बस आज बहुत घूमकर मुखर्जी नगर पहुँची। यह सब सोचते हुए मैं अपने फ़्लैट पर पहुँच गया। इन दिनों मैंने गांधी विहार में एक डेढ़ कमरे का फ्लैट किराए पर ले लिया है। खाना ख़ुद बनाने लगा हूँ। दरअसल मुझे 'रचने' वाला महबूब शहर इलाहाबाद कुछ आदतों के साथ चलकर दिल्ली तक आ गया था। इलाहाबादी विद्यार्थी जीवन का दाल-भात-चोखा, रेडियो आज भी साथ है। रेडियो पर विविध भारती ट्यून है। विविध भारती में युनूस ख़ान और बीबीसी लंदन पर लखनऊ के संवाददाता रामदत्त त्रिपाठी की लरज़ती आवाज़ रमेश निर्मोही और रघु दा की बातों के साथ चले आये संशय और डर से लड़ रही है।

12 जून, 2012

राकेश के हनुमान

इन दिनों डीयू में गर्मी की छुट्टियाँ चल रही हैं। परीक्षाओं के बाद तक़रीबन दो महीने के लिए शैक्षणिक गतिविधियाँ रुक जाती हैं। यानी कक्षाएँ बंद तो एडहॉक नौकरी से बेदख़ल। लंबी छुट्टियाँ परमानेंट फैकल्टी के लिए स्वर्गिक आनंद लेकर तो एडहॉक के लिए अनिश्चितता व डर लेकर आती हैं। दरअसल इन छुट्टियों के पहले हर एडहॉक को क्लीयरेंस देकर नौकरी से निकाल दिया जाता है। अब इस सबके बीच छुट्टियों के बाद दो ही बातें होती हैं, या तो उस एडहॉक को नये सेमेस्टर में ज्वाइन कराया जाएगा या फिर से इंटरव्यू होगा। जुलाई में अगले सत्र के पहले दिन अगर एडहॉक की ज्वाइनिंग हो गयी, तब उसे छुट्टियों की तनख्वाह मिल जाएगी।

छुट्टियों के बाद अगर इंटरव्यू हुआ तब एडहॉक की नौकरी गयी ही मानिए। अगर किसी विभाग या कॉलेज में अन्दर-ख़ाने यह तय कर लिया गया है कि अमुक एडहॉक को निकालना है तो निश्चित है कि किसी भी तरह इंटरव्यू करवाया जाएगा। फिर जब नौकरी ही चली गयी तो छुट्टियों की सैलरी कैसी! इसलिए लंबी छुट्टियाँ हर एडहॉक के लिए ख़ुशियाँ नहीं, डर लेकर आती हैं। एडहॉक की चले तो वे कभी छुट्टियाँ ही न होने दें। कम से कम हर रोज़ क्रॉस चेक तो करते रहेंगे कि एडहॉक हैं भी या नहीं।

दूसरी तरफ़ इन छुट्टियों की सुकून वाली फ़ुरसत में परमानेंट प्रोफ़ेसर अपने कई काम निपटा लेते हैं। मसलन किसी ठंडे इलाके का तापमान नापने या गोवा-लक्षद्वीप-अंडमान के समुद्रों के बुनियादी फ़र्क़ तलाशने सपरिवार निकल पड़ते हैं। अगर पति-पत्नी दोनों प्रोफ़ेसर हुए तो विदेश घूमते हैं। जबकि एक एडहॉक पूरी

छुट्टी इस बात का इंतज़ार करता है कि जुलाई के फ़र्स्ट वर्किंग डे को मेरी ज्वाइनिंग हो जाएगी या नहीं? समर सैलरी मिलेगी या नहीं? आज जो हैं, कल वह भी बचेंगे या नहीं?

आज राकेश का फोन आया। अभी कल की ही तो बात थी, राकेश मेरे साथ 2009 में पीएच.डी. में एडमिशन लेने आया था। उसने एमफ़िल हैदराबाद से किया। डीयू से ही पढ़ा था मगर पीएच.डी. में एडमिशन नहीं मिल सका क्योंकि उसके गुरुजी इंटरव्यू बोर्ड में नहीं बैठे और एचओडी से बोल दिया था। एचओडी ने किसी और राकेश का एडमिशन कर दिया। इस बात पर उसके गुरुजी ने इतना भारी तमाशा किया कि आइंदा पीएच.डी. एडमिशन में किसी राकेश कुमार का नहीं ही हुआ होगा। ये अलग ही क़िस्मत का खेल चल रहा।

गुरु जी धाकड़ इंसान थे। राकेश ने भी दिल पर ले लिया। सीधे परमानेंट का इंटरव्यू देने आया है। गुरुजी से वादा ले लिया था कि पीएच.डी. एडमिशन जैसा इस बार नहीं होगा। परमानेंट होगा और इसी राकेश का होगा। तब टिकट निकाला और आकर इंटरव्यू दिया। अभी उसकी एमफ़िल डिज़र्टेशन भी जमा नहीं है लेकिन वह परमानेंट हो गया है। बहुत मानता है मुझे। आज शाम को पार्टी दे रहा है।

राकेश ने आज दो पैग ज़्यादा पी लिया। मेरे कमरे में यह सब मनाही थी तो पीने वाले सारे दोस्त खुली छत पर जाम लड़ाने लगे। मैंने बस इतना ही तो पूछा था कि कैसे इतना बड़ा हाथ मार लिया? किसी को न बताने की शर्त पर राकेश हल्के नशे में सारा क़िस्सा सुनाता चला गया-

'सब मेरे प्रातः स्मरणीय, नित्य वंदनीय, आदरणीय, सम्माननीय प्रोफ़ेसर रवींद्र राय जी की दया-कृपा से हुआ। राय सर देवता आदमी हैं। सामने खड़े होते ही सबको सम्मोहित कर लेते हैं। आज कल परमानेंट होने वालों की लिस्ट वहीं बनती है न। आज मैं जो कुछ भी हूँ, सर की कृपा से ही हूँ।'

राकेश भावुक होता जा रहा था। मैं बिना पीये नशे में होने लगा और राकेश तो उस रात बस सब कहानी कह देना चाहता था-

'पता है, हमारे कुलपति प्रोफ़ेसर मार्कण्डेय सिंह के गाँव में मेरे फूफा के चचेरे भाई के छोटे साले की शादी हुई थी। बाकी अपनी ही जाति के होने का फ़ायदा तो मिलना ही था। मार्कण्डेय सर भी तो हमारी ही बिरादरी से हैं न। बस मार्कण्डेय सर व रवींद्र सर ने राम और हनुमान बनकर मेरे जीवन की नैया पार लगा दी। जाति-बिरादरी के मेल से जाने कितने परमानेंट हो गये दोस्त। लक्ष्मण भाई, तुम भी किसी

यादव प्रोफ़ेसर को या आजमगढ़ वाले को पकड़ लो। पुरबिया कार्ड ही खेल दो न। किताब से ज्ञान लो, नौकरी वे नहीं दे पाती हैं।'

राकेश नया घर खरीद रहा है। बोला है शाम को दिखाने चलेगा। तभी मेरे मकान मालिक का फोन आ गया। बोला- बेटा, पैसों की बहुत सख़्त ज़रूरत है। इस महीने का किराया थोड़ा जल्दी दे देना।

उस रात राकेश ने सबसे अलहदा बात जो बताई, उसने मेरे होश उड़ा दिए। उसने बीएचयू के एक रिटायर्ड प्रोफ़ेसर भगवानदास सिंह के बारे में बताया कि वे तीन पीढ़ी से प्रोफ़ेसर हैं, उनके अपने दो बेटे, दो बहुएँ डिग्री कॉलेजों में प्रोफ़ेसर हैं। एक पोता हाल ही में किसी विश्वविद्यालय में परमानेंट की सेटिंग में लगा अस्थायी प्रोफ़ेसर है। क़रीब व दूर की रिश्तेदारी मिला लें तो कुल मिलाकर तक़रीबन 22 लोग प्रोफ़ेसर तो होंगे ही। साहित्य की सेवा जितनी इस एक घराने ने की है, उतना कोई न कर पाया आजतक। भगवानदास सिंह जैसे लोगों का वज़ूद देश भर के विश्वविद्यालयों व डिग्री कॉलेजों में पाया जाता है। राकेश ने डीयू का ज़िक्र करके छोड़ दिया कि यहाँ भी जाने कितने छोटे-छोटे भगवानदास सिंह हैं, जो पति-पत्नी, जीजा-साली, भाई-बहन, बहनोई-फूफ़ा सब मिलाकर दर्जन भर प्रोफ़ेसर तो होंगे ही। बशर्ते कि वे उस जाति बिरादरी के हैं, जिन्हें देवता ने हज़ारों साल पहले से पढ़ने-पढ़ाने का सौ फ़ीसदी आरक्षण सौंप रखा था।

उच्च शिक्षा में सबके अलग-अलग क़िस्से हैं। कुछ लोगों के पास दो-चार साल पक्की नौकरी करते ही घर, गाड़ी सब अपना हो जाता है। वहीं पहली पीढ़ी वाले पक्की नौकरी के बाद भी किराए के घर में स्टूडेंट वाली ज़िंदगी जी रहे होते हैं। मुझे मेरे दोस्त याद आने लगे, जो इलाहाबाद से वापस अपने गाँव लौट गये, मैं दिल्ली आ गया। हमारे साथ की बेंच पर बैठ कर पढ़ने वाले जाने किन मज़बूरियों में सब कुछ छोड़कर वापस चले गये। न हम इसे कभी समझ पाए और न ये शिक्षा व्यवस्था। हमारी शिक्षा व्यवस्था अनगिनत बाधाओं वाली मैराथन दौड़ है। हर युवा इस दौड़ में शामिल नहीं हो पाता। हर धावक अपने साथ दौड़ने वाले को लुढ़कते, गिरते, हारते कभी पलटकर नहीं देखता। उच्च शिक्षा विजेताओं को तमगा पहनाने वाली व्यवस्था है। जो छूट गये, उन्हें कोई कभी नहीं खोजता।

22 जुलाई, 2013

तुम्हारा पूरा नाम क्या है?

अगर आप किसी समाज को ग़ुलाम बनाना चाहते हैं तो उसमें हर तरह के प्रतिरोध की गुंजाइशों को कुचलना होता है। प्रतिरोध को ख़त्म करने का रास्ता यह है कि पूरे समाज को हर पल असुरक्षा और अनिश्चितता में जीने को मज़बूर कर दिया जाय। एडहॉकिज्म वही असुरक्षित, अनिश्चित व्यवस्था है। यह कल तक प्राइवेट सेक्टर में व्याप्त थी। अब यह सरकारी महकमों में फैल गयी है। अब यहाँ भी प्रतिरोध विहीन ग़ुलामों की तादाद बढ़ाने लगी है।

एडहॉक भी कम दोषी नहीं हैं। चार महीने की नौकरी पाते ही वे उसमें मशगूल हो अगले चार महीने के ज़ुगाड़ में जुट जाते हैं। इसे व्यवस्था से जोड़कर एक बड़े सवाल की तरह देखते ही नहीं। यह सवाल उनकी तरफ़ से कभी व्यवस्थित तौर पर उठाये ही नहीं गये कि इस सबका असली गुनहगार कौन है? वे जब प्रतिरोध नहीं कर पाते तो ख़ुद को ही गुनहगार मान लेते हैं। आस्तिकों का तर्क क़िस्मत तक तो नास्तिकों का तर्क सिस्टम तक जाकर दम तोड़ देता है।

मेरे भीतर एक ऊहापोह चलती कि मुझे भीड़ का हिस्सा बनकर क्यों रहना? सोचने-समझने और बदलाव के लिए लोगों को संगठित करने की कोशिश अगर एक प्रोफ़ेसर नहीं करेगा तो कौन करेगा? एक दिन रमन कुमार सर से कुछ ऐसी ही बात होने लगी। रमन सर अपने जेएनयू के दिनों वाले क़िस्से सुनाने लगे। छात्र आंदोलन का वह दौर जब सरकारी नीतियों के विरोध में पुलिस से लाठी खाते थे। लौटकर अपने प्रोफ़ेसरों से बताते थे। वे कहते कि बदलाव की लड़ाई अकादमिक लोग नहीं लड़ेंगे तो समाज के बीच उनकी ज़िम्मेदारी क्या होगी? उसूलों से समझौता

कर जीने के बाद इंसान ख़ुद की नज़रों से ही गिर जाता है। आदत के मुताबिक़ अपनी बात का समर्थन करने के लिए स्मृति के ख़ज़ाने से एक मौज़ूँ शे'र सुनाया-

'ज़िंदगी तुझसे हर इक साँस पे समझौता करूँ,
शौक़ जीने का है मुझको मगर इतना भी नहीं।'

हमारे कॉलेज के हिंदी विभाग ने सभी एडहॉक को ज्वाइन करवा दिया। एक-दो विभागों में कभी-कभी ऐसे वाक़्ये होते रहे कि एडहॉक कब आए और कब निकाल दिए गये, हमें पता ही नहीं चला। जिन पर गुजरती है, उन्हें ही पता होता है कि एडहॉकिज़्म किस दर्ज़े का शोषण है। सबकी दुनिया अपनी गति से चलती रहती है। जैसे हमें भी अब कहाँ फ़र्क़ पड़ता है कि हमारी ही उम्र का कोई नौजवान किसी ढाबे पर बर्तन धोते किसी सड़क के किनारे पत्थर तोड़ते किसी खेत में कुदाल-फावड़ा चलाते कैसे अपनी ज़िंदगी की गाड़ी खींच रहा होता है। सब अपने-अपने दायरे में क़ैद हैं। एक क़ैद हमारी भी है।

तमाम विरोधों को दरकिनार करते हुए डीयू में एफ़वाईयूपी लागू कर दिया गया। एफ़वाईयूपी मतलब फोर ईयर अंडर ग्रैजुएट प्रोग्राम, यानी चार साल का स्नातक पाठ्यक्रम। खूब तमाशे हुए इस प्रोग्राम को लेकर। डीयू के वीसी मार्कण्डेय सिंह का यह ड्रीम प्रोजेक्ट था जिसके लागू होने पर शुरू हुए विरोध के बाद वीसी ने इसे अपने स्वाभिमान का मसला बना लिया। अकादमिक गलियारों में इस बात का प्रचार किया गया कि एफ़वाईयूपी आने से वैश्विक स्तर की गुणवत्ता आएगी। वर्क लोड बढ़ेगा जिससे नए एडहॉक की गुंजाइशें पैदा होंगी। मगर डूटा के साथ ही सभी छात्र संगठन इसका विरोध कर रहे थे। विरोध करने वालों का यह मानना था कि सैम पित्रोदा कमेटी और ज्ञान आयोग के प्रावधान लागू होते ही उच्च शिक्षा का सार्वजनिक चरित्र बदल जाएगा। प्रतिरोध करने वालों का सबसे बड़ा संशय यह था कि 'विश्व व्यापार संगठन' के दबाव में भारत की सार्वजनिक उच्च शिक्षा में निजी निवेश और विदेशी निवेश के दरवाज़े खुल जाएँगे। इससे कारपोरेट का मुनाफ़ा तो बढ़ेगा मगर ग़रीब, कमज़ोर, वंचित-शोषित के हाथ से शिक्षा कोसों दूर हो जाएगी।

भारत की उच्च शिक्षा को पश्चिमी देशों जैसा बनाने का ख़्वाब देखा जा रहा है। भारतीय उच्च शिक्षा के साथ सबसे बड़ी त्रासदी यह हुई कि उसे अधिकांश शिक्षा मंत्री बहुत लापरवाह मिले। जो परवाह करने वाले मिले, वो भारतीय सामाजिक स्थितियों से काटकर उसे अमरीका और ब्रिटेन जैसा बनाने पर आमादा थे। लापरवाह नेताओं ने उच्च शिक्षा का जितना नुकसान किया, उससे ज़्यादा परवाह करने वाले नेताओं ने कर डाला। उन्हें फ़र्क़ नहीं पड़ता कि भारत के बहुसंख्यक

वंचित-शोषित तबके पर इन नीतियों का क्या असर पड़ेगा। तत्कालीन यूपीए सरकार की इन शैक्षिक नीतियों के ख़िलाफ़ गेट नं. चार पर एक साझा प्रदर्शन हुआ। इस प्रदर्शन में भाषण देते हुए रघु दा ने कहा-

'डबल्यूटीओ के साथ समझौते पर भारत ने दस्तख़त कर दिया है। सरकार पूरी उच्च शिक्षा को निजी हाथों में बेच रही है। अब उच्च शिक्षा में कॉर्पोरेट पूँजी का निजी निवेश आएगा, नये-नये उद्योगों की मानिंद नये-नये प्राइवेट विश्वविद्यालय खोले जाएँगे। जो डिग्रियाँ हम सरकारी विश्वविद्यालयों में बहुत कम फ़ीस देकर और स्कॉलरशिप के साथ पाते हैं, उन्हीं डिग्रियों के लिए लाखों की फ़ीस देनी पड़ेगी। यह कोशिश नब्बे के बाद लागू हुई नयी आर्थिक नीतियों के साथ शुरू हो गयी थी। अगर इसे रोका न गया तो उच्च शिक्षा बहुसंख्यक वंचितों--शोषितों से हमेशा के लिए दूर हो जाएगी।'

तत्कालीन डूटा अध्यक्ष, तमाम शिक्षक नेताओं व छात्र संगठनों ने लगातार इस बाबत विरोध प्रदर्शन किए। शिक्षक संगठनों के नेताओं ने इस प्रावधान को बेहद दिक़्क़त-तलब बताया। इन आंदोलनों में अपने कॉलेज से मैं और शाकिर भाई अब साथ जाने लगे हैं। हमारा और शाकिर भाई का रिश्ता गहराता जा रहा है। उम्र में मोहम्मद शाकिर मुझसे पंद्रह साल बड़े हैं मगर साथ में इस कॉलेज आये।

डूटा का प्रदर्शन ख़त्म हुआ। हम पंडित की कैंटीन पर मीठा समोसा खाने आ गये। सुरेश ने एक लिंक व्हॉट्सएप पर भेजते हुए बोला कि अगर आपको डीयू में परमानेंट होना है तो आपको भी सुदर्शन शुक्ला होना होगा। हमने लिंक खोला तो उसकी एक फ़ेसबुक पोस्ट दिखी। उसने अपनी मै'म के लिए एक पोस्ट लिखी है, जिसकी पहली ही लाइन में बारह विशेषण थे। पिछली बार सुदर्शन ने एक मंदिर में अपने गुरुजी के साथ फ़ोटो डालकर लिखा था- 'मेरे दोनों भगवान के साथ मैं।' मोहम्मद शाकिर भाई बोले कि अपने माँ-बाप के लिए जिसने जीवन में चार बातें नहीं लिखीं, वे चापलूसी का महाकाव्य लिखने लगे हैं। मैंने सोचा, सुरेश असल में व्यवस्था का मारा है इसलिए हमेशा निगेटिव ख़बरें ही देता है। कैंपस में केवल सुदर्शन ही थोड़े न पाये जाते हैं।

शाम को कैंपस में शिव नरेश मिले, जिनको मक्खीमल कॉलेज से केवल इसलिए निकाल दिया था कि उन्होंने अपने यहाँ वाले शुभचिंतक को जवाब दे दिया कि आप ये किसी और तरीके से धमकाना बंद कर दें। मेरी ज़िंदगी है, मैं चाहे जैसे रहूँ, जिनके साथ उठूँ, बैठूँ, बात करूँ; आप बताने वाले कौन हैं? बस इतनी सी

ही तो गलती थी शिव नरेश की। आज शिव नरेश एडहॉक की नौकरी से निकाल दिए जाने के बाद से यहाँ वहाँ भटकने को मज़बूर हैं। टीआईसी ने वजह बताई कि रोस्टर बदल गया है और अब आपकी पोस्ट एससी से बदल कर जनरल हो गई है।

सैद्धान्तिक तौर पर यूआर यानी अनरिज़र्व्ड पोस्ट का मतलब होता है ओपेन फॉर ऑल कैटेगरी। यानी यूआर पोस्ट पर किसी भी उस कैंडिडेट का अपॉइंटमेंट किया जा सकता है जो यूआर की पात्रता पूरी करता हो। आसान भाषा में कहें तो यूआर पदों पर सवर्ण, दलित, पिछड़ा, आदिवासी किसी भी कैटेगरी के कैंडिडेट का अपॉइंटमेंट किया जा सकता है। विश्वविद्यालयों में नियुक्तियाँ सौ फ़ीसदी इंटरव्यू के आधार पर ही होती हैं। इसलिए यूआर पोस्ट पर जनरल यानी सवर्ण कैटेगरी के लोगों की ही नियुक्ति होती है। जब इंटरव्यू ही सब कैटेगरी का अलग होगा, जब यूआर में किसी को बुलाया ही नहीं जाएगा तो सब सवर्ण ही होंगे न। ये धाँधली कैंपस में दशकों से हो रही है।

उच्च शिक्षा में जाति सामने से नहीं दिखती। अजीत पाल से एक बार प्रोफ़ेसर रमाधीश नैय्यर बोल दिया- 'यह जनरल की पोस्ट है। आप ओबीसी हैं। यहाँ इंटरव्यू देने आ कैसे गये?' राकेश के साथ तो कमाल का वाक़या हुआ। उसका इंटरव्यू कुछ यूँ हुआ-

'नाम बताइए।'

'राकेश'

'पूरा नाम।'

'राकेश कुमार'

'पिताजी का नाम।'

'महेश कुमार।'

'अरे, उनका भी पूरा नाम बताओ।'

'महेश कुमार पथिक'

'पथिक किसमें आते हैं?'

'इंसानों में ही आते हैं सर। वैसे आप क्या जानना चाहते हैं, मेरी जाति न?

'अरे नहीं नहीं, ऐसी बात नहीं है।'

'अरे हाँ सर! ऐसी ही बात है। इतना हम भी समझते हैं। आप जैसों से ही लड़ते हुए यहाँ तक पहुँचे हैं। तो दरअसल मैं दलित परिवार से आता हूँ और मुझे उस पर नाज़ है। आप जैसों के साथ नौकरी क्या करेंगे? एक सवाल तो मेरे विषय पर करते।'

कहते हुए राकेश अपनी फ़ाइल लेकर बोर्ड से निकल आया। राकेश बाद में पीसीएस अधिकारी बन गया। मगर कैंपस को एक खरे प्रोफ़ेसर का नुक़सान हो गया। उस जगह आज भी कोई बैठा होगा जो अगले कैंडिडेट से उसका पूरा नाम पूछ रहा होगा।

28 जुलाई, 2013

चार प्रकार के शोधार्थी

शोधार्थी विश्वविद्यालयों के बनने और होने की बुनियादी कड़ी हैं। शोधार्थी होना आम छात्र और शिक्षक के बीच का सबसे अहम पड़ाव है। एडहॉक होना शोधार्थी और शिक्षक के बीच की कड़ी है। कभी-कभी तो एक ही इंसान शोधार्थी और एडहॉक दोनों एक साथ होता है क्योंकि उच्च शिक्षा में असिस्टेंट प्रोफ़ेसर होने की न्यूनतम पात्रता एम.ए.-नेट है। इसलिए एक एडहॉक शोध करते हुए भी पढ़ा सकता है। मेरे कई दोस्त इस कैटेगरी में आते हैं। नज़दीक से देखकर अब तक मैंने यह समझा है कि शोधार्थी के भी चार प्रकार होते हैं- चरम, परम, नरम और गरम शोधार्थी।

चरम शोधार्थी वे होते हैं जिनका शोध में एडमिशन लेने से पहले ही जीवन का चरम मक़सद होता है, एडहॉक हो जाना। इसके चलते इस कैटेगरी के शोधार्थी एडहॉक होने के सबसे ज़्यादा संभावना सम्पन्न होते हैं। ये उसी सुपरवाइज़र के अंडर अपना रजिस्ट्रेशन करवाते हैं, जो सुपरवाइज़र इनके लिए एडहॉक बन जाने के दरवाज़े की कई चाभियाँ जेब में लिए होते हैं। ये शोधार्थी अपने सुपरवाइज़र के चैम्बर से लेकर घर तक और सोशल मीडिया से लेकर कहीं भी आने-जाने तक में साए की तरह हर वक़्त मौजूद रहते हैं। गुरुजी का झोला गुरुजी के कंधों पर बोझ बन जाए, उसके पहले ही ये उसे अपने कंधों पर उठा लेते हैं। क्योंकि इन्हें भरोसा होता है कि यही भार उठाना ही उनके जीवन की नैया को उच्च शिक्षा के भँवर में पार लगा देगा। कई बार तो जब वह झोला भी साथ न हो, तब भी ये चेले साथ होते हैं। गुरुजी के चैम्बर में गुरुजी के आने से पहले आना और जाने के बाद जाना इनका पहला चेला धर्म होता है। गुरुजी को छोड़ने उनकी गाड़ी तक या मेट्रो स्टेशन तक जाना इनकी दिनचर्या का हिस्सा होता है। गुरुजी का भी मन लगा रहता है।

इसके अलावा एक भरोसे की ज़िम्मेदारी इनकी यह भी होती है कि सोशल मीडिया से लेकर अफ़वाहों के गलियारों में चल रही गॉसिप से गुरुजी को लगातार अपडेट करते रहना। ज़रूरत पड़ने पर गुरुजी के पक्ष में माहौल बनाने के लिए भी ये सबसे मुखर होते हैं। आसान भाषा में कहें तो चरम शोधार्थी ही उच्च शिक्षा जगत के मुँह और कान बन चुके हैं। इनकी संख्या शुरुआती दिनों में कम हुआ करती थी क्योंकि तब के गुरुओं के कंधों पर भार कम हुआ करता था और उनके कंधे मजबूत हुआ करते थे। उधर गुरुओं के कंधे कमजोर होते गये और इधर चरम शोधार्थियों की तादाद बढ़ती गयी। आज कल ये सबसे ज़्यादा मात्रा में पाए जाते हैं। पंद्रह से बीस फ़ीसदी तो ये हमेशा मिलेंगे। एक चरम शोधार्थी अपने अंतिम सफल परिणाम से कई नये चरम शोधार्थी पैदा कर जाते हैं। इसलिए यह प्रजाति आजकल सबसे तेज़ी के विकास-दर से फलती-फूलती जा रही है। यह उच्च शिक्षा के असली कोढ़ हैं।

परम शोधार्थी के सभी लक्षण चरम वाले ही होते ही हैं लेकिन इनको अपने गुरुजी की सेवा के वे अवसर ही मिल पाते हैं जो चरम शोधार्थियों से रह जाते हैं या उनके बस का नहीं होता है। दोनों में फ़र्क़ केवल चापलूसी के लेवल में ही पाया जा सकता है। पढ़ाई लिखाई की पात्रता वाली जगहें परम शोधार्थी भरते हैं। इसलिए इस कैटेगरी के शोधार्थी भी इस सिस्टम में फिट होते हैं क्योंकि इनके पास चापलूसी के इतर पढ़ाई लिखाई का भी गुर होता है। इनकी तादाद अब हर विश्वविद्यालय में पर्याप्त मिलने लगी है। पंद्रह से बीस फ़ीसदी इनकी भी संख्या मिल जाया करती है।

नरम शोधार्थी वे होते हैं, जो अधिकतर क़लम-किताब से ताल्लुक रखते हैं और अपने कैरियर को लेकर थोड़े सजग होते हैं। लेकिन ये दो वजहों से चरम और परम शोधार्थियों से पीछे छूट जाते हैं, पहला या तो चापलूसी में पहले दोनों से कमजोर ठहरते हैं या अपने निजी हालातों के चलते वैसे नहीं हो पाते हैं। इनकी रीढ़ में वह लचक पैदा ही नहीं हो पाती है। इस तबक़े में अधिकांश वंचित-शोषित जमात के बीच से आए पहली पीढ़ी के युवक-युवतियाँ होते हैं। चापलूसी की न तो इनको कोई समृद्ध विरासत मिली होती है और न विश्वविद्यालयों के भीतर का माहौल इनके लिए हर तरह से मददगार होता है। इसलिए ये अक्सर अपना रिसर्च पूरा करने के बाद किसी अँधेरी गुफ़ा में गुम हो जाते हैं। इनके गुम हो जाने पर न तो विश्वविद्यालयों का कोई कोना खाली छूटता है और न गुरुजी लोगों का कोई चैम्बर। क्योंकि ये दरअसल उनमें कहीं होते ही नहीं। विश्वविद्यालयी दस्तावेज़ों से लेकर लाइब्रेरी की किताबों के बाहर ये असल में कहीं होते ही नहीं। उच्च शिक्षा के

मौजूदा सड़ांध मारते सिस्टम का सबसे ज़्यादा शिकार यह जमात हुई है। इनकी तादाद कमोबेश पचास फ़ीसदी के आस पास पायी जा सकती है।

गरम शोधार्थी, जैसाकि नाम से ही तय है ये उच्च शिक्षा में शोध करने वालों की वह जमात है जो बिगड़ैल मानी जा सकती है। गरम होना इनका मिज़ाज है। इनमें अधिकांश पढ़े लिखे वे युवा होते हैं जो अपनी तनी हुई रीढ़ के चलते या अपने सजग नागरिक बोध के चलते मुखर होते हैं। उच्च शिक्षा पर हो रहे हमलों का सवाल हो या देश दुनिया में हो रहे बदलावों का मसला हो; इनकी नज़र सब पर रहती है और ये हर उस सवाल पर आवाज़ बुलंद कर लड़ते हैं, जहाँ उसकी ज़रूरत होती है। ये उच्च शिक्षा को मुर्दा क़ब्रिस्तान होने से बचाए हुए वे युवा हैं, जिनको यह सिस्टम कभी अपनाता नहीं और न ये सिस्टम को अपनाते हैं। किसी भी कैंपस में इनकी तादाद बमुश्किल पाँच से दस फ़ीसदी ही हो सकती है। चूँकि ये कमर में तनी हुई रीढ़ और मुँह में ज़बान रखते हैं इसलिए इस सिस्टम में इनको कोई नहीं रखता। इसलिए जब तक ये कैम्पसों में रहते हैं, तब तक सब की उम्मीद रहते हैं। अगर ये कैम्पसों से बाहर हुए तब भी इनकी आवाज़ें कैम्पसों की चारदीवारों के भीतर तक आती रहती हैं।

5 अगस्त, 2013

प्रोटेस्ट में फ़ैज़

सरकार की नीतियों के विरोध में आज फिर से शिक्षकों और छात्रों का साझा प्रदर्शन है। छात्रों और शिक्षकों के जुटान ने कुलपति आवास से लेकर गेट नंबर 4 तक का रास्ता भर दिया है। ये शुरुआती वक़्त था जब हम शिक्षकों के सबसे ताक़तवर ट्रेड यूनियन डूटा को लड़ते हुए देख रहे थे। इन प्रदर्शनों में शिक्षक व विद्यार्थी बड़ी संख्या में शामिल होते थे। आज का प्रदर्शन भी ऐसा ही था। पूरे दिन नारेबाज़ी चलती रही। शाम होती चली गयी। आसमान में बादल गहराते जा रहे थे। हल्की-हल्की बारिश शुरू हो जाती है। लोग बिखरने लगते हैं। डूटा की तत्कालीन अध्यक्ष निवेदिता नारायण लुढ़क कर गिरी हुई एक बैरिकेटिंग पर खड़ी हो जाती हैं। पीछे बड़ी तादाद में पुलिस है और सामने सैकड़ों प्रदर्शनकारी। उनके हाथ में किरकिराती आवाज़ वाली माइक है। बारिश शुरू हो चुकी है। तभी निवेदिता नारायण की लरज़ती आवाज़ में नारों के बीच फ़ैज़ अहमद फ़ैज़ की नज़्म फ़िज़ाओं में तैरने लगी-

'हम देखेंगे,
लाज़िम है कि हम भी देखेंगे।'

इस दृश्य को देखना अपने अकादमिक जीवन के सबसे शानदार अहसासों में से एक है। अतीत के पन्ने मन में पलटते गये। हम गाँव से आए श्रमजीवी, कामगार घरों के वे युवा थे, जिन्हें विरासत में भीड़ वाली जगहों से डरने की तालीम मिली थी। अपने काम से ही मतलब रखना किसी धरने-प्रदर्शन में कभी मत जाना, नेतागिरी से हमेशा दूर रहना, केवल पढ़ाई--लिखाई करना। ये वे सबक़ थे, जिन्हें घर वाले नियमित अंतराल पर सिखाया करते। शायद उन्हें धरने, प्रदर्शन, आंदोलनों में शामिल होने के अदृश्य ख़तरों का अंदाज़ा हो। मेरे पिताजी को छोड़ सबने हमें

राजनीति से दूर रहने की ही तालीम दी। इसका ख़ासा असर रहा जिसके चलते मैं आंदोलनों और धरने-प्रदर्शनों से दूर रहा।

इलाहाबाद की स्टूडेंट लाइफ़ भी तो ऐसी ही थी। इलाहाबाद विश्वविद्यालय में अपनी कक्षाओं से लेकर किराए के कमरे तक की दुनिया ही मेरी अपनी अकादमिक दुनिया थी। उन दिनों इलाहाबाद विश्वविद्यालय में छात्र संघ चुनाव में बहुत गहमा-गहमी होती थी। दक्षिणपंथी छात्र संगठनों में अमूमन कथित ऊँची जातियों का वर्चस्व था। इन्हें परोक्ष रूप से दबंग शिक्षकों का भी प्रश्रय था। वामपंथी और प्रगतिशील छात्र संगठन दक्षिणपंथी छात्र संगठनों को अपने विचार व तर्क से पराजित कर देते मगर उनकी हिंसा व धनबल के सामने हार जाते थे। इन व्यावहारिक दिक़्क़तों के बीच समाजवादी छात्र संगठन दक्षिणपंथी छात्र संगठनों को चुनौती देने में सफल रहे। समाजवादी छात्र संगठनों में आस-पास के ज़िलों के तमाम मेहनतकश घरों के नौजवान शामिल होते थे। समाजवादी छात्र संगठनों की दिक़्क़तें दूसरी थीं। वे ख़ुद को अनुशासित और समावेशी बनाने की चुनौतियों से जूझ रहे थे। दक्षिणपंथी छात्र संगठनों के पास अपना स्पष्ट धार्मिक-सांस्कृतिक नज़रिया था और उनके पीछे राष्ट्रीय स्तर का बड़ा सांस्कृतिक संगठन खड़ा था। दूसरी तरफ़ समाजवादी छात्र संगठनों के पास समाजवाद का विचार तो था मगर न तो ट्रेनिंग थी और न ही उनके पीछे किसी बड़े सांस्कृतिक संगठन का धनबल और जनबल था। वामपंथी छात्र संगठन स्टडी सर्किल व पर्चे-पोस्टरों के ज़रिए इस राजनीतिक कुश्ती में भाग लेते और हारते। मगर लड़ना नहीं छोड़ते।

बी.ए. के हमारे शुरुआती दिन थे। दस-बाई-दस के किराये के कमरे, जो अमूमन हड़प्पा व मोहनजोदड़ों के पुरातात्विक अवशेष लगते थे। उन कमरों में इंसान और हवा एक ही रास्ते से आते थे। एक वक़्त में एक ही इंसान उस किराए के कमरे में रह सकता था। धूप किसी नाराज़ रिश्तेदार की तरह उनमें नहीं आती थी। बेतरतीब किताबें ही उन कमरों के सबसे ख़ूबसूरत हिस्से होते थे। एक छात्रनेता के पर्चे उन दिनों बहुत प्रसिद्ध थे। वह ढेर सारे शे'र अपने नाम से छपवाता था। पहली बार उसी के पर्चे पर पढ़ा था-

'परिन्दे भी नहीं रहते पराये आशियानों में,
हमारी उम्र गुजरी है किराये के मकानों में।

दस साल बाद पता चला कि ये शे'र मूनीस बरेलवी का है, जिसे उस छात्रनेता ने अपने नाम से छपवाया था। विश्वविद्यालय जैसी कोई दूसरी जगह नहीं होती, जिसमें कई पीढ़ियों वाली पूरी दुनिया एक साथ जीती है। 'औक़ात' वाले युवा

किराये के कमरे में नहीं, फ़्लैट में रहते थे। इलाक़ा बदल जाये तो किराये में भारी अंतर आ जाता था। छोटा बघाड़ा या दारागंज के वे कमरे सबसे सस्ते थे, जिनमें तीन महीने बाढ़ का पानी भी पार्टनर की तरह रहने आ जाता था। मकान-मालिक के लिए जो कमरे किराया उगाहने के ज़रिया थे, वही दरो-दीवार हम जैसों के सबसे शानदार दिनों की यादें समेटे होती थी। वश में होता तो हर विद्यार्थी क़ामयाब होने पर उन किराये के कमरों को ख़रीद लेता। नाक़ामयाब युवाओं के न तो ऐसे शौक़ होते हैं और न ख़्वाहिशें। नाकामयाब को पूछता कौन है?

एम.ए. में इलाहाबाद यूनिवर्सिटी का डायमंड जुबली हॉस्टल मिल गया। उसके पहले मैं चाँदपुर सलोरी रहता था। सुबह साइकिल लेकर निकलता तो प्रयाग स्टेशन के पास अंकुरित चना-मूँगदाल का एक ठेला पहला पड़ाव होता था। पहले दो रुपये पत्ता, बाद में पाँच रुपये पत्ता हो गया । फिर भागकर क्लास पहुँचते। पहली पीढ़ी के हम नौजवानों ने कैंपस के क्लासरूम, लाइब्रेरी और शानदार प्रोफ़ेसरों व दोस्तों के साथ अपने सबसे ख़ूबसूरत दिन बिताये। आए दिन किसी छात्रावास में बमबाज़ी से लेकर लाठी डंडे से होते हिंसक संवाद देख घबराकर किनारे से निकल भागते। हम राजनीति की पहली किताब में भीड़ की मार-पीट देखकर इतने सहम चुके थे कि स्टडी सर्किल या लाइब्रेरी व तमाम ज़रूरी सवालों के लिये किये जा रहे धरने-प्रदर्शनों में कभी शामिल नहीं हुये।

सच कहूँ तो मेरा बीए की पढ़ाई का सफ़र घोर स्वार्थी रहा। इसकी एकमात्र वज़ह यह रही कि जिस आज़मगढ़ से मैं भागकर पढ़ने बाहर आया था किसी भी सूरत में वहाँ वापस नहीं लौटना चाहता था। बड़े चाचा बोल चुके थे 'नम्बर कम आये तो चुपचाप बोरिया बिस्तर बाँध कर ख़ुद चले आना। बुलाना न पड़े।' मैं हर बार याद करता कि कैसे पहली बार इलाहाबाद आया था। एक झोले में दो जोड़ी कपड़े, दूसरे झोले में एक किलो अरहर की दाल, दो किलो आटा, हल्दी नमक की एक एक पुड़िया, एक निमकी अचार की लिसलिसाती और पूरे झोले को महकाती झिल्ली, पाव भर देसी घी का डब्बा, मीठा खुरमा और निकलते वक़्त सबकी नज़रों से छिपाकर अम्मा द्वारा दिया गया बीस रुपये का एक पुराना नोट। उस नोट को कभी खर्च करने की हिम्मत ही नहीं जुटा सका।

अम्मा का वश चलता तो वह उस झोले के साथ ख़ुद चलकर मेरे साथ इलाहाबाद आ जातीं। मग़र सच कहूँ तो अम्मा साथ ही आयीं और हर लम्हें, हर पल मेरे आस पास बसी रहीं। हर दिन आटा गूँथते, सब्ज़ी में हल्दी नमक डालते, खाने में निमकी अचार डालते देसी ख़ुशबू की मानिंद पूरे कमरे में वह मौजूद रहतीं।

मेरे इलाहाबाद आने के समय भाई और छोटे चाचा द्वारा एक साइकिल भी रोडवेज़ बस पर चढ़ा दी गयी थी। इसी साइकिल से हमने अल्लापुर, चाँदपुर सलोरी, छोटा बघाड़ा से लेकर इलाहाबाद विश्वविद्यालय तक जाने कितनी लकीरें खींच डालीं। पाँच साल बाद एम.ए. के दिनों में अपनी वॉल-मैगज़ीन के लिए मशहूर साहित्यकार नीलाभ का इंटरव्यू लेने गया। इंटरव्यू ख़त्म हुआ। ख़ुश होकर बाहर आया तो देखा, कोई उस पुरानी साइकिल को चुरा ले गया। एम.ए. के दौरान एक अदद साइकिल भी नहीं ख़रीद पाया।

अब इलाहाबाद का वह ग़ैर-राजनीतिक शख़्स धरना प्रदर्शनों से जुड़ने लगा है। भीड़ से मुझे आज भी डर लगता है। मगर आज डूटा के इतने बड़े प्रदर्शन में शामिल होकर वह डर ख़त्म हो गया। धीरे-धीरे यह समझ में आने लगा कि इन धरने-प्रदर्शनों की कितनी ज़रूरी भूमिका है। बादलों ने थोड़ा अँधेरा कर दिया है। हाँ! शायद बादलों ने ही तो कैंपस पर ये अँधेरा कर रखा है। अब मद्धिम वाली बारिश तेज़ हो चुकी है। अब मैं जो देख रहा था, उसे लिख भी नहीं पा रहा। निवेदिता नारायण की आवाज़ आसमान में तैरने लगती है और लोग उनके चारों तरफ मद्धिम फुहारों में भींगते हुए झूम कर गाने लगे हैं-

'सब ताज उछाले जाएँगे
सब तख़्त गिराए जाएँगे,
लाज़िम है कि हम भी देखेंगे।'

मेरे भीतर से भी एक आवाज़ आयी-

'लाज़िम है कि हम भी देखेंगे...'

अक्बर, 2013

क्लासरूम में झपकी

आज क्लास में पढ़ाते वक़्त मेरे साथ एक बेहद दिलचस्प वाक़या हुआ। मैं पढ़ा रहा था कि मध्यकालीनता और आधुनिकता में बुनियादी फ़र्क़ क्या है। कैसे दुनिया का इतिहास मध्यकालीनता से लड़ते हुए आधुनिकता को चुनता है। इसका असर हिन्दी के आधुनिक काल पर पड़ता है। किन सामाजिक, सांस्कृतिक, राजनीतिक व आर्थिक परिवर्तनों के साथ यह बदलता चलता है। इस विषय में मेरी गहरी रुचि है। मैं साहित्येतिहास की हर क्लास में इसे बहुत मन से पढ़ाता हूँ। सामने व्हाइट बोर्ड पर तुलना करते हुए लिख रहा था-

'मध्यकालीनता के दो लक्षण दिखते हैं, आस्था और विश्वास। वहीं आधुनिकता के बुनियादी लक्षण हैं तर्क व विवेक।'

तभी मेरी नज़र पिछली बेंच के कोने पर गयी। देखा तो पीछे मोहित झपकियाँ लेने लगा। उसे पहले भी मैं कई बार टोक चुका था। मैं उसके क़रीब गया और धीरे से सर पर हाथ रखा। वह अकबका कर उठ बैठा। झेंप गया। मैंने कहा कि क्लास के बाद मुझसे मिलना। क्लास के बाद वह मिलने आया और बहुत सहमते हुए बोला-

'सॉरी सर, अब ऐसी गलती नहीं होगी। मैं जानबूझकर नहीं सोता। असल में मुझे रात में सोने का मौक़ा नहीं मिल पाता।'

'क्या कोई ख़ास वज़ह है, जो सो नहीं पाते?'

'जी सर! मेरे पापा बीमार रहते हैं, माँ दूसरों के घरों में झाड़ू पोंछा करती हैं। मैं सबसे बड़ा हूँ इसलिए अपनी पढ़ाई और अपने भाई बहन की पढ़ाई का सारा

खर्च मुझे उठाना पड़ता है। कॉलेज से जाने के बाद मैं पिज़्ज़ा डिलीवरी का काम करता हूँ। शाम 4 बजे से रात 12 बजे तक। उसके बाद आकर सोता हूँ और 4 बजे उठकर न्यूज़ पेपर डालता हूँ। इसलिए नींद पूरी नहीं होती। पढ़ना चाहता हूँ इसलिए रोज़ कॉलेज आता हूँ।'

मुझे मेरे बड़े पिताजी की पढ़ाई के संघर्षों का क़िस्सा याद आने लगा। एक बार मैं इलाहाबाद से गर्मी की छुट्टियों में घर गया। उस बार बीए सेकेंड ईयर में मेरे नम्बर कुछ कम आए थे। तब थोड़ी देर समझाने के बाद बड़े पिताजी ने अपना क़िस्सा सुनाया-

'छठवीं में पढ़ता था जब घर का बँटवारा हो गया। खेत नाम मात्र का था जिसमें सबका पेट नहीं भरता था। बटाई पर खेत लेकर जोता-बोया। भोर में ही बैल नाथकर खेत जोतने जाता। जब तक लोग जागते, मैं लौट आता। फिर टाइपिंग सीखने जाता। उसके बाद पढ़ने। साइकिल में इतने पंचर थे कि बनाने वाला खीझ उठता। इंटर पास हो गया। आगे पढ़ना चाहता था। अपनी माँ से बोला कि साठ रुपये फ़ीस है। माँ के पास बीस रुपये थे। बीस रुपये किसी से उधार लिया। अंत में बीस रुपये नहीं जुटा पायीं। मात्र बीस रुपये के चलते मेरा बीए में एडमिशन नहीं हो सका। ऐसे भी दिन देखे, जब घर में खाने के लिए केवल आलू थे। तीन दिन तक घर के सात लोग केवल आलू उबाल कर खाये।'

चाचा अमूमन डाँटते ज़्यादा थे। उनका डाँटना सहज ही लगता था। जब भी वे प्रेम से समझाते, मैं समझ जाता कि अब मामला बेहद गंभीर है। उस दिन जाने क्यों ये सब कह गये। मैं इलाहाबाद वापस आ गया। मगर तब से हर बार जब भी खाने में केवल आलू देखता हूँ, रोंगटे खड़े हो जाते हैं। एक बार जब स्कॉलरशिप नहीं मिली थी और घर से आया पैसा ख़त्म हो गया था, उस दिन मैंने अनजाने ही आलू उबाल लिया। खाने बैठा तो जैसे लगा कि वह आलू प्लेट में रखी धरती बन गया है जिसमें पूरा परिवार हल चला रहा हो। हम उसमें बीज की तरह रोपे जा रहे हैं। मेरा आलू खाना ही छूट गया। पता नहीं क्यों।

मैंने मोहित के कंधे पर हाथ रखा और बस इतना कह पाया- 'जब इतना सब करके भी पढ़ाई जारी रखे हुए हो तो बस यही कहूँगा, जारी रखना। यह मेहनत कभी ज़ाया नहीं होगी। क़ामयाबी का रूप कुछ भी हो सकता है मगर मेहनत और ईमानदारी कभी नाक़ामयाब नहीं होने देती।'

जाते हुए मुझे मोहित की आँखों में एक चमक दिखी। मैंने उसे दूर तक जाते देखा। अगली कक्षाओं में वह अब सोया नहीं। या जिस दिन सोया, उस दिन आया नहीं। मगर वह नियमित ही रहा। मोहित के सोने में मुझे धीरे-धीरे एक ईमानदार कोशिश नज़र आने लगी।

पाँच साल बाद एक दिन वह नॉर्थ कैंपस मिलने आया। उसके साथ उसकी माँ भी थीं। सेंट्रल लाइब्रेरी दिखाते हुए वह बोल रहा था- 'अम्मा हमारा मंदिर, मस्जिद, गुरुद्वारा, चर्च सब यही है। इसी ने हमें सब कुछ दिया है। उसकी माँ एक सामान्य ग्रामीण महिला, सेंट्रल लाइब्रेरी की तरफ़ हाथ जोड़कर ऐसे खड़ी थीं जैसे किसी मंदिर के सामने खड़ी हों। मोहित मिला तो मिठाई देते हुए बोला अगर उस दिन आपने डाँट दिया होता तो मैं क्लास नहीं आता। आज मेरा पीएच.डी. में एडमिशन हो गया है। मोहित की माँ बोली- धन्यवाद पोरोफ़ेसर साहब।

'साहब'! हमारा समाज हर पेशे को 'साहब' का तमगा नहीं देता। मोची साहब, दर्जी साहब, नाई साहब, धोबी साहब, तेली साहब, जुलाहा साहब, मेहतर साहब, चरवाहा जी, मजदूर साहब किसान हुज़ूर कभी नहीं सुना होगा आपने। ये 'साहबी' हर मेहनतकश पेशे के हिस्से कहाँ? क़लम किताब को करनी-बँसुले, कुदाल-फावड़े से बड़ा मानता है हमारा समाज। इसलिए निकम्मे भी क़लम किताब के नाम पर इज़्ज़त पाते हैं, जबकि मेहनतकश आम आवाम अक्सर उतनी भी इज़्ज़त नहीं पाती, जितने की हक़दार उनकी मेहनत होती है।

16 दिसंबर, 2013

कुलपति की पिस्तौल

दिल्ली विश्वविद्यालय के कुलपति प्रोफ़ेसर मार्कण्डेय सिंह को चाहने वाले मानते हैं कि उन्होंने डीयू को बहुत कुछ दिया। उसमें एक नायाब चीज़ थी- 'अंतर्ध्वनि'। अंतर्ध्वनि नाम से डीयू के सालाना जलसे की शुरुआत पूरे तामझाम के साथ की गयी। कॉमनवेल्थ गेम्स के बाद से उजाड़ पड़ी करोड़ों की इमारतें अब डीयू के सालाना जलसे के काम आ गईं। आज इसकी रंगारंग शुरुआत होनी है। सभी कॉलेजों के शिक्षक, कर्मचारी और विद्यार्थी कॉमनवेल्थ गेम्स के वक़्त बने रग्बी स्टेडियम में जुटे हैं। अकादमिक नज़रिये से देखें तो विद्यार्थियों की कलाकारी, कर्मचारियों की मेहनत व शिक्षकों के निर्देशों ने पूरे परिसर को सजा दिया है। चहुँओर रंगीन पर्दों से सजे पंडाल, तगड़े साउंड सिस्टम से लैस मंच के बीच पूरा विश्वविद्यालय उमड़ पड़ा है। तभी भीड़ में हलचल सुनाई पड़ी।

दिल्ली विश्वविद्यालय के वाइस चांसलर प्रोफ़ेसर मार्कण्डेय सिंह हाथी पर बैठकर मुख्य सभा स्थल तक चले आ रहे हैं। अब तक के आज़ाद भारत के इतिहास में किसी भी विश्वविद्यालय के कुलपति को यूँ 'गज-गमन सुख' नहीं नसीब हुआ। डीयू के 'लोगो' में एक हाथी 1922 से ही खड़ा है। आज उसे चलता देखकर डीयू झूम उठा। मैं सोचने लगा ग़नीमत है कि डीयू के लोगो में हाथी है, कहीं भैंस होती तब? क्या कुलपति उस पर भी बैठ जाते? भैंस पर बैठ जाते तो भैंसचांसलर हो लेते। दरअसल भैंसें हमारी सभ्यता के मुहाने पर खड़ी हैं और हाथियाँ राज दरबारों की सामंती ठसक का प्रतीक हैं।

अपने वाइस चांसलर को हाथी पर बैठा देखकर बतौर एडहॉक हम सबने यही सोचा कि एक दिन यह हिलती-डोलती हाथी हमें भी परमानेंट ज़रूर करेगी। मगर बाद में पता चला कि वह हाथी खुद दिहाड़ी पर आई थी। महावत को सरकारी पेमेंट क्लीयर कराने में भी कई दिन लग गये।

सभी एडहॉक अपने अपने कॉलेज वालों के साथ इस महान दृश्य के गवाह रहे। राष्ट्रबंधु कॉलेज में हिन्दी के प्रोफ़ेसर चिरंजीव कुमार इस दौर में डूटा के लिए व्यंग्यात्मक पर्चा लिखा करते थे। इस बार के लिए लिखा कि कुलपति ने जो रवायत रची, उसे बाद में कोई कुलपति निभाने की क़ाबिलियत रखने वाला नहीं हुआ।

रंगारंग आयोजन चलता रहा। एक क्रिकेट मैच भी हुआ जिसमें कुछ एडहॉक भी दोनों तरफ की टीम में चुने गये। बाद में पता चला, कुछ एडहॉक अपने वीसी इलेवन में क्रिकेट खेलने के लिए तो चुन लिए गये लेकिन परमानेंट कभी नहीं हो पाए। मैच हार जीत के फ़ैसले के साथ ख़त्म हो गया मगर उसमें खेलने वाले एडहॉक आज भी बिना फ़ैसले के एडहॉकिज़्म वाला खेल खेल रहे हैं।

दरअसल ये वही कुलपति थे जिन्होंने एक खुले हुए कैंपस को चारदीवारी में कैद कर दिया। कैंपस के भीतर की चाय-मठरी के साथ मैगी, फ्राइड राइस के खोमचे वाले हर कोने खाली करा दिए गये। जहाँ बैठकर हमने अपने दोस्तों के साथ कभी अपना रिसर्च टॉपिक क्लीयर किया; तो कभी देश-दुनिया की बहसें उलझाईं। कल जहाँ चाय मिलती थी, अब उन सभी जगहों को ख़ाली करा दिया गया। कैंपस के भीतर स्पीक मैके बिल्डिंग और लॉ फैकलिटी की किताब वाली दुकानें तक इस बदलाव की भेंट चढ़ गईं। डीयू के पास कोई किताब की दुकान तक नहीं बची। रघु दा उस पुरानी याद को साझा करते हुए एक दिन बोले-

'मार्कण्डेय सिंह तो पहले के कुलपति देशदीपक के नक़्श-ए-क़दम पर ही चल रहा है। पहले यह कैंपस बहुत खुला हुआ था। कैंपस के भीतर से ही हम मानसरोवर हॉस्टल से कमला नगर तक चले जाते थे। चाचे दी हट्टी के रावलपिंडी वाले छोले भटूरे, बिरसा मुंडा कॉलेज के सामने वाले बृजमोहन काका की भेलपुरी, डी-स्कूल की नींबू मसाला वाली चाय तक हम एक साथ घूमते। अब तो जैसे पिंजरे में क़ैद अजायबघर बन गया है।'

कुलपति मार्कण्डेय सिंह ने पूरे डीयू को चमका तो दिया मगर अब उस चमचमाते कैंपस की सभी अकादमिक गतिविधियाँ कराहते क्लास रूम तक सिमट चुकी हैं। यह खेल बाद में समझ आया कि ओबीसी एक्सपेन्शन के नाम पर मिले

पैसों का ऐसे ही दुरुपयोग किया गया। साल 2006 में उच्च शिक्षा में 27% ओबीसी आरक्षण लागू हुआ। इसमें प्रावधान किया गया था कि हर विश्वविद्यालय को करोड़ों रुपये अतिरिक्त दिये जाएँगे। इन पैसों से नये क्लास रूम और हॉस्टल बनेंगे ताकि सभी के लिए सुविधाएँ बढ़ाई जा सकें। देश के लगभग सभी विश्वविद्यालयों ने ओबीसी एक्सपेंशन में मिले पैसों को पुरानी इमारतों की नक़्क़ाशी में ही ख़र्च कर दिये। जिन पैसों को आज़ादी की आधी सदी बीतने के बाद वंचित-शोषित तबक़ों के ख़्वाबों को चमकाना था, वे पैसे कैम्पसों के फ़र्श और इमारतों की रंगीन नुमाइश में झोंक दिए गये।

गज-गमन सुख पाने वाले मार्कण्डेय सिंह के बहाने मेरे कॉलेज के इतिहास विभाग के साथी प्रोफ़ेसर तौक़ीर अनवर ने अपनी स्टूडेंट लाइफ़ का एक क़िस्सा सुनाया था। अलीगढ़ मुस्लिम यूनिवर्सिटी का वीसी तो पिस्तौल रखता था। शायद तुम्हें पता न हो, इस देश में सेना के रिटायर्ड कई अधिकारियों को कई विश्वविद्यालयों का वीसी या प्रॉक्टर बना दिया जाता था, जैसे सेना के रिटायर्ड जवान गार्ड की नौकरी में ख़प ज़ाया करते हैं। मतलब आप पढ़ने-लिखने वाले नौजवानों को पिस्तौल से रोक लेंगे। शेरवानी पहनकर सर सैयद की बगिया वाले छात्र नेताओं ने ऐसा दौड़ाया कि भागते गये। वह घर गये तो चपरासी कुछ खोजते हुए बाहर आया।

छात्रों ने पूछा- 'क्या खोज रहे हो?'

चपरासी बोला- 'साहब की पिस्तौल भागने में कहीं गिर गयी।'

छात्रों ने गुस्से में बोला- 'जाकर बोल देना अपने साहब से, अब तोप मँगवा लें।'

14 मार्च, 2014

कन्वोकेशन और क्लर्क

असल में क्या है न कि किसी भी कॉलेज या यूनिवर्सिटी के स्टाफ़ रूम में घुसते ही आप बड़ी आसानी से पहचान सकते हैं कि कौन-कौन अस्थायी एडहॉक प्रोफ़ेसर है और कौन-कौन परमानेंट प्रोफ़ेसर। हँसी, खिलखिलाहट, खाने की ख़ुशबू, रेसिपी की गॉसिप, पहनावे की चर्चाओं से लेकर फ्लैट खरीदने, सरकार बनाने गिराने, गाड़ियों और मोबाइलों के नये-नये मॉडलों का तुलनात्मक अध्ययन करते हुए संवाद जिस भी छोर पर सुनाई दें, वे सभी परमानेंट लोग होंगे। ऐसा नहीं है कि उनमें एडहॉक नहीं बैठे मिलेंगे। पुराने एडहॉक स्टाफ रूम की उन गुलज़ार महफिलों में खाने में चटनी की मानिंद ज़रूर पाए जाते हैं। ध्यान से देखेंगे तो सिस्टम के सिलबट्टे के बीच चटनी हो चुके ये एडहॉक उच्च शिक्षा जगत में हर जगह चटनी की तरह स्वाद बढ़ाते मिल ही जाएँगे। ऐसे ही पुराने वाले एडहॉक स्टाफ रूम के हर कोनों में मिल जाएँगे। लेकिन वे न तो उन महफिलों में बातचीत की दिशा दशा तय करते हैं और न उनमें शामिल होते हैं। उनके बैठने के अंदाज़ भी एडहॉक जैसे ही होते ही हैं। उनका काम ज़ुबान से कम, चेहरे पर जानबूझकर खींची गई हँसी की लकीरों और हर बात पर हिलती हुई पेंडुलम जैसी गरदन और सज़दे को हर वक़्त तैयार लचकदार कमर से चल जाता है। एक एडहॉक की ज़िंदगी में ज़ुबान का अमूमन कोई काम ही नहीं। सारा काम पेंडुलम बन चुकी गरदन और लचकदार नाज़ुक रीढ़ की हड्डी के साथ चिपकी हँसी से ही निभा लिया जाता है। नए वाले एडहॉक स्टाफ रूम के आउटर सर्किल पर दो दो चार चार के उदासीन समूहों में पाए जाएँगे।

आज दिल्ली विश्वविद्यालय का कन्वोकेशन है। आज मुझे अपनी पीएच.डी. की डिग्री मिलेगी। क्लास लेने कॉलेज गया। जितेंद्र सर ने पूछा-

'लक्ष्मण! आज तो कन्वोकेशन है। तुम्हें पीएच.डी. की डिग्री मिलेगी। गये नहीं तुम?'

'नहीं सर। जाऊँगा मगर वह चोंगा नहीं पहनूँगा। मुझे अच्छा नहीं लगता। बाद में ऑफिस से जाकर ले लेंगे। जब इलाहाबाद यूनिवर्सिटी टॉप किया था, तब भी अपनी डिग्री अपने विभाग के क्लर्क के हाथों ली। डीयू से भी अपनी ज़िंदगी की सबसे बड़ी डिग्री ऑफिस से ही ले लूँगा।'

' शोधार्थी के लिए यह बड़ा दिन होता है। लोग चोंगे और तिरछी टोपी वाली तस्वीर तमग़े की तरह रखते हैं। हालाँकि मैं भी नहीं गया था। किसी भी तरह के औपनिवेशिक अवशेष का हिस्सा नहीं बनना चाहता था।'

'मेरे लिए भी अपनी अकादमिक डिग्रियाँ क्लर्क के हाथों लेना एक क़िस्म का प्रतिरोध ही रहा है।'

जितेंद्र चौहान, रमन कुमार सर अक्सर अपनी ऐसी बातों से मुझे उस दिशा में खींचने लगे थे, जिधर जाना मेरी रीढ़ के लिए तो बहुत फ़ायदेमंद रहा मगर मेरे कैरियर के लिहाज़ से बहुत त्रासद।

नॉर्थ कैंपस के अकादमिक ऑफिस जाकर क्लर्क के हाथों अपनी पीएच.डी. की डिग्री ली। फ़्लैट पर लौटा। आज मेरे हाथ में जो डिग्री है, वह एक पूरे परिवेश की देन है। मेरे लिए इस काग़ज़ के एक टुकड़े में अपना वजूद झाँक रहा था। देश की सबसे प्रतिष्ठित यूनिवर्सिटी से पीएच.डी. की डिग्री पाना ज़िले-जवार में पहली घटना थी। अकादमिक ज़िंदगी की अर्जित की गयी सबसे बड़ी उपलब्धि। एक ज़माना था जब कोई कहीं बीए कर ले तो उसके नाम के पीछे जुड़ जाता था- फलाने प्रसाद बी.ए.। पीएच.डी. के बाद नाम के पहले जुड़ जाता है- डॉक्टर फलाने। अम्मा को फ़ोन किया कि आज मुझे अपनी पढ़ाई की सबसे बड़ी डिग्री मिली है। आज से मैं भी डॉक्टर लक्ष्मण यादव हो गया। अम्मा ख़ुश होते हुए बोलीं- 'हम तोंहके अब डॉक्टर सोनू क़हब।'

आज ही शाम बड़े चाचा ने लगभग डाँटते हुए मेरी इस सलाह वाली गुज़ारिश को ठुकरा दिया कि- 'घर के सामने जो मेन गेट लगेगा, उस पर तुम्हारा नाम डॉ. लक्ष्मण यादव ज़रूर लिखा जाएगा। तुम भले संकोच करो। हम तो सबके सामने बोर्ड पर लिखवाएँगे ताकि लोगों को इससे प्रेरणा मिले कि हमने अपने बच्चों के हाथ में क़लम और किताब पकड़ायी तो उसका कितना बड़ा इनाम मिला। लोग अपने बेटा-बेटी को पढ़ाने के लिए प्रेरित होंगे।

अगस्त, 2014

ट्रेड यूनियन पर ताला

हाथी पर बैठकर दिल्ली विश्वविद्यालय के आधिकारिक प्रतीक लोगो में जान भरने वाले डीयू के कुलपति मार्कण्डेय सिंह ने एक फ़रमान जारी करके कहा है कि डूटा कोई ट्रेड यूनियन बॉडी नहीं है। क्यों न डूटा में ताला लगा दिया जाए। इस बात से शिक्षकों में बहुत रोष है। मेरे मन में इस वाक़ये के बाद दो सवाल कौंधे, पहला कि ये डूटा असल में है क्या? डूटा काम क्या करती है जो उसे बंद करने की बात आन पड़ी। एक एडहॉक के लिए ऐसे ट्रेड यूनियन की क्या अहमियत है? और दूसरा कि ये ट्रेड यूनियन क्या होती हैं? सोचता हुआ कॉलेज पहुँचा तो विभाग के जितेंद्र सर और रमन कुमार सर से लंबी बात हुई। उन लोगों ने डूटा के क़िस्से बताए। फिर लौटते हुए नॉर्थ कैंपस आया। डूटा के प्रोटेस्ट में अध्यक्ष निवेदिता जी भाषण दे रही थीं। मैं चुपचाप भीड़ में पीछे खड़ा हो गया कि कोई देख न ले। हालाँकि अब एडहॉक भी ऐसे प्रदर्शनों में आने लगे हैं।

इस देश में नब्बे के बाद से लगातार कर्मचारियों, मज़दूरों व कामगारों के सभी ट्रेड यूनियन जानबूझकर बर्बाद किए गये। रेलवे की ट्रेड यूनियन हड़तालें केंद्र की सरकारों के तख़्त पलटने की कुव्वत रखती थीं। मज़दूरों की ट्रेड यूनियनें देश के कोने-कोने की सड़कों से होते हुए दिल्ली तक आकर सरकारों को फैसले बदलने पर मज़बूर कर देती थीं। वैसे ही दिल्ली विश्वविद्यालय के शिक्षकों की अपनी ट्रेड यूनियन डूटा का इतिहास रहा है। डूटा यानी दिल्ली विश्वविद्यालय शिक्षक संघ।

डूटा के अलावा देश के सभी विश्वविद्यालयों के शिक्षक संघ या तो ख़त्म कर दिए गये या अर्थहीन कर दिए गये। अगर कहीं हैं भी तो वे सत्ता के ग़ुलाम हैं। ऐसे दौर में डूटा की आवाज़ को देशभर के आम शिक्षकों की आवाज़ माना जाता है।

इसकी दो बड़ी वजहें हैं, पहली डीयू में शिक्षकों की तादाद तक़रीबन दस हज़ार के क़रीब है। दूसरी वज़ह है, संघर्ष की रवायत। भले ही डूटा अध्यक्ष वामपंथी रहे हों या काँग्रेसी; सबने शिक्षकों के सवालों पर लड़ाईयाँ लड़ीं। जिसमें भी ईमानदारी कम होती दिखी, उन्हें शिक्षकों ने नकार दिया। जब कभी भी दक्षिणपंथी को नेतृत्व मिला, उसने भी इस रवायत को ज़िंदा रखा। रघु दा ने एक बार डूटा का इतिहास बताया था-

'1997 का दौर था। तब दक्षिणपंथी संगठन से श्री अनमोल राय डूटा अध्यक्ष थे। पेंशन वाले मामले पर वे अपनी ही वाजपेयी सरकार के सामने झुक गये। शिक्षकों ने इसका भारी विरोध किया। उसके बाद से दक्षिणपंथी संगठन का लंबे समय तक कोई अध्यक्ष न हुआ। यह है इस ट्रेड यूनियन की रवायत।'

रघु दा को सुनते हुए मुझे अपने कॉमरेड पिताजी की याद आई। वह देश के तमाम ट्रेड यूनियनों के क़िस्से सुनाया करते थे। पिताजी एक दिन ग़ुस्से में जॉर्ज फ़र्नांडिस के बारे में बोले-

'मई 1974 की बात होगी। जॉर्ज फ़र्नांडिस के नेतृत्व में अब तक की सबसे बड़ी रेल हड़ताल हुई थी। जॉर्ज उस समय रेल मज़दूरों के ट्रेड यूनियन 'ऑल इंडिया रेलवे फेडरेशन' के अध्यक्ष थे। इस आंदोलन ने भारत की राजनीति की दिशा ही बदल दी। कहा जाता है कि रेल मज़दूरों के इसी प्रतिरोध से निपटने के लिए देश में इमरजेंसी लागू की गयी। जॉर्ज शानदार समाजवादी नेता थे मगर अब किसकी गोद में जाकर बैठ गये!'

मेरे पिताजी समाजवादी कॉमरेड थे। आजमगढ़ जैसे कम संसाधनों वाले छोटे से जिले में वामपंथी राजनीति करते थे। ख़ुद मुझे भी कई बार किसानों के आंदोलनों में लेकर जाते थे। गाँव जवार में बीबीसी लंदन सुनने वाले अकेले आदमी थे। कई बार अम्मा और हम बच्चों को बैठा कर कार्ल मार्क्स, लेनिन, भगत सिंह, आंबेडकर, लोहिया किशन पटनायक के बारे में बताते थे। उनके सुनाए ट्रेड यूनियन के क़िस्से याद आने लगे।

10 नवंबर, 2014

रंजन कुमार की नसीहत

आज क्लास लेकर जैसे ही स्टाफ़ रूम में पहुँचा, विभाग के सीनियर टीचर रंजन कुमार बुलाकर कोने में ले गये। सिगरेट के छल्ले उड़ाते हुए अपनेपन के अन्दाज़ में बोले-

'क्या भाई लक्ष्मण यादव! तुम्हें परमानेंट होना है या नहीं?'

'क्यों नहीं सर, बिलकुल होना है।'

'लेकिन तुम्हारा रवैया देखकर तो नहीं लगता कि तुम अपने कैरियर को लेकर सीरियस हो।'

'एकदम सीरियस हूँ सर। रोज़ क्लास लेता हूँ। नोट्स तैयार करके पढ़ाने आता हूँ। छुट्टी नहीं के बराबर लेता हूँ। विभाग और कॉलेज की सारी ज़िम्मेदारी निभाता हूँ। विद्यार्थियों की प्रतिक्रिया भी अच्छी है। तीन चार लेख भी यूजीसी लिस्टेड जर्नल्स में प्रकाशित हैं। इसी साल मेरी एक किताब भी आ गयी है। परमानेंट के लिए सब जगह फ़ॉर्म भी भरा है। कई इंटरव्यू दे चुका हूँ।'

'इस सबसे परमानेंट हो जाओगे? किस भ्रम में जी रहे हो?'

'फिर क्या करना होगा सर?'

'जिनके साथ तुम उठते-बैठते हो, ये तुम्हें परमानेंट करवा पाएँगे? कल तो तुम ज़ोर-ज़ोर से हँस भी रहे थे अपनी दाईं तरफ देखकर। उधर कई सीनियर लोग बैठते हैं। प्रिंसिपल के ख़ास भी हैं। उन लोगों को बुरा भी लगा। सुनो लक्ष्मण! पढ़ लिखकर अच्छा पढ़ा लोगे, लेख भी छपवा लोगे लेकिन परमानेंट कैसे हो जाओगे? अगर ऐसा ही होता तो मैं तुमसे कुछ कहता ही नहीं। तुम अपने हो, बहुत मानता हूँ इसलिए समझा रहा हूँ। उनके साथ उठना-बैठना छोड़ दो। स्टाफ़ रूम में उस कोने में ही क्यों बैठते हो? किचेन वाले कोने में बैठा करो जहाँ सारे एडहॉक बैठते

हैं। जाने कितने एडहॉक आए और चले गये। तुम भी ऐसे खो जाओगे कहीं। फिर कैसे आएगी तुम को इतनी खिलखिलाती हुई हँसी?'

रंजन कुमार की सिगरेट अपने अंतिम पड़ाव पर थी और ये शिक्षा भी अब पूरी होने वाली थी। मुझे कुछ समझ ही नहीं आ रहा था। रंजन कुमार की आँखों में वह आत्मीयता खोज रहा था, जिसके ज़रिए वे मुझे परमानेंट करवाने वाले हैं।

शाम को जब घर से फोन आया तो अजीब सी उदासी में लिपटी मेरी आवाज़ को अम्मा ने पहचान या। पूछ बैठी- सब ठीक तो है न? मैं भी बोल गया कि सब ठीक तो है लेकिन आज कॉलेज में एक सीनियर प्रोफ़ेसर ने कहा कि मैं परमानेंट होने को लेकर सीरियस नहीं हूँ। छूटते ही अम्मा बोली-

'हमको भी लग रहा है कि तुम सीरियस नहीं हो। जैसे सब कहते हैं, वैसे ही किया करो।'

तब तक फोन पापा ने लिया और बस इतना ही बोले-

'किसी से कभी दबना मत बेटा। नौकरी है, ज़िंदगी थोड़े है। ज़मीर और ख़ुद्दारी से बड़ा कुछ नहीं।'

पिताजी का कॉमरेड होना अब हिम्मत का पर्याय बन चुका था। बड़े चाचा कबीरपंथी सतगुरु के शिष्य थे तो हमेशा एक बात कहते- 'जो होगा, सब अच्छा ही होगा। बस तुम अपना काम मेहनत और ईमानदारी से करते चले जाओ।' ज़िंदा ज़मीर और खरी ख़ुद्दारी के लिए अब और क्या चाहिए। बस इसी तेवर ने यह तय कर लिया कि किसी के रहमो-क़रम से न यहाँ तक आये हैं और न किसी के सामने झुकेंगे। अपने दम पर अब तक का ये सफ़र तय किया है तो आगे भी चलकर जाएँगे।

यह शायद वही क्षण था, जब मैं सबसे ज़्यादा डरा हुआ था। मगर इसी समय मैंने यूपीएससी के विकल्प को हमेशा के लिए अलविदा कह दिया। साथ ही रंजन कुमार के सफलता के सुझावों को भी ठुकरा दिया। मेरे डर ने मुझे दुःसाहसी बना दिया। कैरियर के बाक़ी विकल्प ख़त्म कर दिये।

क़लम व किताब को और ताक़त से पकड़ा। आंदोलनों में शामिल होने लगा। प्रतिरोध को अपनी ज़िंदगी का हिस्सा बना लिया। अपनी ताक़त को पहचाना। लिखने, पढ़ने व बोलने को ही अपना वजूद बना दिया। तय किया कि एक शानदार प्रोफ़ेसर बनने के लिए कुछ भी करेंगे लेकिन अपने ज़मीर और ज़ुबान से समझौता कभी न होने देंगे।

17 जनवरी, 2016

रोहित वेमुला की शहादत

पापा को गुज़रे चार महीने हो गये। दिल्ली की बेतहाशा ठंड वाली सुबह। सुबह कॉलेज जाने से पहले फ़ोन पर ख़बर देखी। महीनों से हिन्दी के अख़बार लेने बंद कर दिए हैं। जैसे ही एक ख़बर पर नज़र गई, सन्न रह गया। हैदराबाद विश्वविद्यालय में वैज्ञानिक बनने की चाहत रखने वाले एक शोधार्थी रोहित वेमुला ने आत्महत्या कर ली।

रोहित वेमुला अपने कई दोस्तों के साथ स्कॉलरशिप और जातिवादी अन्याय के ख़िलाफ़ लगातार अनशन पर था। हैदराबाद विश्वविद्यालय प्रशासन लगातार उनकी माँगों को नज़रअंदाज़ कर रहा था। बाबा साहब डॉ आंबेडकर के विचारों से प्रभावित होकर रोहित और उसके साथियों ने एक छात्र संगठन 'आंबेडकर स्टूडेंट्स एसोसिएशन' बनाया था। एएसए ने पिछले चुनावों में सत्ताधारी दल के समर्थित संगठन को शिकस्त दे दी थी। उसके बाद से ही ये निशाने पर थे। फिर भी इन्होंने प्रतिरोध नहीं छोड़ा। लड़ते रहे। एक वैचारिक प्रतिरोध के लिए अपने साथियों के बीच स्टडी सर्किल चलाते, फुले, शाहू, आंबेडकर के विचार से बाक़ी छात्रों को जोड़ते, साथ ही अन्याय के ख़िलाफ़ लड़ने लगे। महीनों से इनकी स्कॉलरशिप नहीं मिल रही थी। हॉस्टल का कमरा ख़ाली करवा दिया गया। अपने दोस्त के साथ

ओढ़ने बिछाने वाले सामान के साथ डॉ. आंबेडकर की बड़ी सी तस्वीर लेकर बाहर आए। कई दिन तक खुले आसमान के नीचे सोते रहे। विश्वविद्यालय प्रशासन ने एक न सुनी। वैज्ञानिक बनने का ख़्वाब देखने वाला एक शोधार्थी रोहित वेमुला अन्याय से लड़ते हुए आत्महत्या करने को मज़बूर कर दिया गया।

किसी को इस बात अंदाज़ा तक न था कि रोहित की आत्महत्या की ख़बर के बाद देश भर में इसकी क्या प्रतिक्रिया होगी। आने वाले दिनों में देश भर के कैम्पसों ही नहीं, समाज से लेकर सियासी गलियारों तक में भूचाल आने वाला था। लाखों लोग सड़कों पर उतरने वाले थे। देशव्यापी आंदोलन होने वाला था। आज तक इस देश के कैंपस डेमोक्रेटाइज़ ही नहीं हुए। यह सब देखते सोचते हुए कॉलेज पहुँचा।

आज की क्लास में पढ़ाते हुए एक बच्चे ने पूछ लिया-

'सर! हैदराबाद यूनिवर्सिटी के एक रिसर्चर ने सुसाइड कर लिया। क्यों?'

'उनके साथ ग़लत हो रहा था, वे उसके ख़िलाफ़ लड़ रहे थे मगर उन्हें न्याय नहीं मिला।'

'मगर सुसाइड भी तो ग़लत है न सर।'

'बिलकुल ग़लत है। मगर कई बार हालात कुछ अलग ही बन जाते हैं। बहरहाल तुम सबको ओमप्रकाश वाल्मीकि की एक कहानी घुसपैठिए ज़रूर पढ़नी चाहिए।'

'क्या शिक्षा से जुड़ी हुई है कहानी सर?'

'हाँ! देश के अकादमिक संस्थानों में जब वंचित शोषित घरों के बच्चे पहली बार पहुँचे तो सिस्टम पर क़ाबिज़ लोगों को वे किसी घुसपैठिए की तरह नज़र आने लगे। ऐसे में कैसे कोई सामान्य व्यक्ति ख़ुद को सँभाले। हम सबको एक बेहतर दुनिया बनानी है तो उसके लिए बेहतर लोकतांत्रिक कैंपस होना ज़रूरी है।'

क्लास लेकर लौटते हुए कैंपस गया। देखा गेट नंबर चार पर कुछ लोग जुट रहे हैं। सामाजिक न्याय पर बना संगठन 'छात्र फॉर सोशल जस्टिस' एक श्रद्धांजलि सभा कर रहा है। वहाँ खड़े होकर सबको सुनने लगा। सब बारी-बारी अपनी बात रख रहे थे। एक महिला शोधार्थी रुँधे हुए गले से बोल रही है-

'रोहित जैसे तमाम लोग कैंपस में जातिवादी प्रताड़ना झेलते हैं। कुछ नहीं करने वालों को भी नियमित फ़ेलोशिप मिलती है और हमारे काम करने के बाद भी हज़ार कमियाँ निकाली जाती हैं। हमारे यहाँ इंटरव्यू बोर्ड में बैठा एससी एसटी

ऑब्ज़र्वर केवल काजू खाता है और प्रिंसिपल या वीसी की जी-हुज़ूरी करता रहता है ताकि अगले इंटरव्यू के लिए भी नाम पक्का रहे। उसे कोई मतलब कहाँ कि किसको नौकरी मिल रही किसे नहीं। कौन समाज के लिए सोचता है। जितने परमानेंट हो गये हैं, कोई अपनी बीवी के लिए चापलूसी कर रहा है तो किसी को अपनी साली को नौकरी दिलवानी है। कोई अपने भाई-भतीजे के लिए कुछ भी करने को तैयार है।

मान्यवर कांशीराम ने किसके लिए कहा था 'पे बैक टू सोसाइटी'। ये सब तो 'पे फॉर सेल्फ' बन गये वरना इतने दलित पिछड़े प्रोफ़ेसरों के होते हुए भी हमारे कैंपस में कोई हमारा दर्द सुनने और मदद करने वाला कहाँ है? ऐसे में कोई शोधार्थी सुसाइड न करे तो क्या करे। सब मिलकर हर रोज़ थोड़ी थोड़ी हमारी हत्या करते हैं और उसे नाम देते हैं सुसाइड का। सही ही लिखा रोहित ने अपने आख़िरी ख़त में कि मेरा जन्म ही एक दुर्घटना थी। इन कैम्पसों में आकर हमें भी यही लगता है कि हमारा दलित, आदिवासी, पिछड़े घरों में जन्म लेना ही दुर्घटना है। मैं इतना बोल रही हूँ इसलिए क्योंकि मैंने सोच लिया है, इन द्रोणाचारियों के सामने कभी गिड़गिड़ाने नहीं जाऊँगी। ये द्रोणाचारी कभी भी न्याय नहीं करेंगे। मेरे कोर्स वर्क वाले एक पेपर में इसीलिए बैक आ गयी क्योंकि मैंने अपने प्रोफ़ेसर के चोरी-चमारी कहने पर आपत्ति की। बोला, चोरी-चकारी होता है सर। जबकि कोर्स वर्क में कभी कोई फेल नहीं होता। इसी बात का गुस्सा वो निकालने लगा। हम हर दिन क्या कुछ सहते हैं, उसे हम किससे कहें। कह दें तो कैरियर ख़त्म, न कहें तो आत्मसम्मान ख़त्म। ये हाल है हमारे कैम्पसों का। अब तो रोहित वेमुला के जाने के बाद पूरे देश में ऐसे आंदोलन खड़े होने चाहिए कि ये जातिवाद के अड्डे दरक सकें। तभी रोहित को असली श्रद्धांजलि मिलेगी।'

आख़िरी वक्ता के बोलने के बाद कैम्पस के भीतर ये नारे गूँजने लगे-

रोहित हम शर्मिंदा हैं, द्रोणाचारी ज़िंदा हैं!
जय जय जय जय भीम,
जय भीम जय भीम!

8 फरवरी, 2016

देशद्रोही नारे और जेएनयू

दिल्ली विश्वविद्यालय में आये नये कुलपति ने लगातार कई सार्वजनिक कार्यक्रमों में यह उम्मीद बँधवायी कि बहुत जल्दी परमानेंट अपॉइंटमेंट कराएँगे। दो बार फ़ॉर्म भर चुके, पहली बार 2010-11 में कुछ अपॉइंटमेंट हुए लेकिन इतने कम हुए कि जुगाड़ वालों में ही होड़ मची रही। दोबारा 2013-14 में गजगामी कुलपति ने कुछ और नियुक्तियाँ करवाई लेकिन उस वक़्त तो बमुश्किल सब मिलाकर पाँच सौ अपॉइंटमेंट हुए। बार बार राकेश और सुनीता यही पूछते हैं कि-

'लक्ष्मण, डीयू में परमानेंट का फ़ॉर्म आए तो बताना। एडहॉक, गेस्ट तो हो नहीं रहा, शायद परमानेंट ही हो जाए। एडहॉक, गेस्ट में तो बहुत धाँधली और भ्रष्टाचार है। हमारा न तो कोई गॉडफादर है और न किसी संगठन या पार्टी में कोई जान पहचान।'

'अच्छा सुनीता, एक बात बताओ। तुमको ऐसा क्यों लगता है कि परमानेंट में धाँधली सेटिंग नहीं होती?'

'एडहॉक गेस्ट सब में कॉलेज वाले मिलकर नियुक्तियां करते हैं न। सबके कोई न कोई कैंडिडेट होते हैं। परमानेंट के इंटरव्यू में बाहर से एक्सपर्ट आते हैं, काफी बड़े बड़े विद्वान और ज़्यादा अनुभवी लोग होते हैं तो शायद वहाँ इतनी धाँधली न हो और फेयर अपॉइंटमेंट हो जाए। मुझे तो ऐसा ही लगता है।'

यह एक मासूम से कैंडिडेट का सिस्टम पर नैतिक भरोसा है या अज्ञानता, मैं तय नहीं कर पाया। यह भरोसा कितनों में कितना बचा होगा आज?

सुनीता को यह कह कर जाते हुए देख बस यही सोचता चला आया कि मैं तो अब तक दर्जन भर से ज़्यादा परमानेंट का इंटरव्यू दे आया। सुनीता हरियाणा के किसी कॉलेज से पीएच.डी. पूरी करके डीयू आयी है। सुनीता के भाई मेरे सीनियर रहे इसलिए उससे जान पहचान हो गई। अभी वह ओपन स्कूल में पढ़ाती है और ट्यूशन पढ़ाकर दिल्ली में रहने का ख़र्चा निकालती है।

शाम तक ख़बरों में जेएनयू छा गया। लंबे वक़्त से कुछ ख़ास पूर्वाग्रहों के चलते सत्ता के निशाने पर रहा यह कैंपस आज एक नए विवाद में धकेला जा चुका है। न्यूज़ चैनल बता रहे कि जेएनयू कैम्पस में कुछ छात्रों ने देशद्रोही नारे लगाये हैं। न्यूज़ चैनलों में से एक ने तो टुकड़े टुकड़े वाली वीडियो क्लिपिंग चलाकर सभी को सज़ा भी सुना दी।

उस रात जेएनयू के हमारे कई दोस्तों ने बताया कि टेफ़्लॉस पर सब लोग जुटे। वहाँ छात्रसंघ के नेताओं ने कहा कि मौजूदा दक्षिणपंथी सरकार जिस जेएनयू को कंट्रोल नहीं कर सकी, उसे अब बदनाम कर रही है ताकि लोगों के बीच उन सवालों पर बहस ही न हो जो यहाँ किए जाते रहे हैं। जेएनयू इस देश का सबसे टॉप रैंकिंग विश्वविद्यालय है। मगर ब्रेकिंग न्यूज़ में दिखने लगा-

'देशद्रोहियों का अड्डा जेएनयू', 'भारत के टुकड़े टुकड़े गैंग का पर्दाफ़ाश', 'हमारे टैक्स के पैसे पर पलने वाले देशद्रोही' ऐसे जाने कितने टीवी कार्यक्रम हुए, अख़बारों की हेडिंग बनती गयी। उसके बाद जेएनयू जैसे एक कैंपस को तबाह करने की रणनीति बना ली गयी थी। आज़ाद भारत में पहली बार देश के सबसे अच्छे विश्वविद्यालय के ख़िलाफ़ की जा रही साज़िश पर या तो लोग ख़ामोश थे या ख़ुश। इससे भयावह और क्या हो सकता है।

उधर पूरे देश में अब नीले झंडे से लैस बहुजन आंदोलन की रफ़्तार तेज़ हो चुकी थी। देश भर के कैम्पसों के बहुजन छात्र, शोधार्थी और प्रोफ़ेसर ही नहीं, ये आंदोलन बड़े शहरों से होता हुआ क़स्बों तक फैल चुका था। संसद में एचआरडीए मंत्री और यूपी की पूर्व मुख्यमंत्री व राज्यसभा सांसद के बीच जमकर बहस हो चुकी थी। मगर हैदराबाद यूनिवर्सिटी के दोषियों पर कोई ठोस कार्रवाई नहीं हुई।

आज का दिन ऐसे वक्त में घटित हुआ जब रोहित वेमुला की सांस्थानिक हत्या के बाद देशभर की सड़कों से लेकर कैम्पसों में भयानक गुस्सा पनप रहा था।

मार्च, 2016

सबहिं नचावत राम गोसाईं

होली की छुट्टियों में सालों बाद घर आया हूँ। खेत जाने के पहले उमेश भैया मुझसे मिलने घर आये हैं। उमेश भैया पूर्वाञ्चल विश्वविद्यालय से समाजशास्त्र में पीएच. डी. और नेट हैं। वे मुझसे डीयू के एडहॉक सिस्टम के बारे में पूछने लगे। मैंने उनको बताया कि हमारी सैलरी तो पूरी असिस्टेंट प्रोफ़ेसर की मिलती है लेकिन नौकरी चार महीने की ही होती है। हम लोग बहुत डरे रहते हैं कि कब हमें निकाल दिया जाए। कभी किसी बहाने तो कभी किसी बहाने हमारी नौकरी ख़तरे में रहती है। वे चुपचाप सुनते रहे। फिर मैंने पूछा

'आप कहाँ पढ़ा रहे हैं आजकल?'

'मैं पड़ोस वाले गाँव के बाबू खदेरन सिंह के रामरती देवी स्मारक डिग्री कॉलेज में पढ़ा रहा हूँ ।'

'एडहॉक या परमानेंट?'

'मैं न एडहॉक हूँ और न परमानेंट। हम लोग असल में दिहाड़ी शिक्षक हैं। बाबू खदेरन सिंह के डिग्री कॉलेज में सब कुछ कागज़ पर है। कागज़ पर हम दस टीचर हैं लेकिन हक़ीक़त में हम तीन लोग हैं। मुझसे कहा गया कि तुम्हें असिस्टेंट प्रोफ़ेसर की पूरी सैलरी हम नहीं दे सकते क्योंकि हमें भी ऊपर तक सबका हिस्सा देना होता है।'

'ऊपर का हिस्सा मतलब?'

'ये डीयू-जेएनयू नहीं है। यहाँ डिग्री कॉलेज खोलना सबके बस की बात नहीं। बाबू खदेरन सिंह दो बार विधायक रहे, अबकी हार गए। तीन डिग्री कॉलेज खोले हैं। उसकी बिल्डिंग बनवाने से लेकर मान्यता लेने तक लगभग एक करोड़ ख़र्चा किए हैं। पेपर पर ही विद्यार्थी हैं और पेपर पर ही मास्टर। अब गाँव में कौन पढ़ने

आता है और कौन पढ़ाने। बच्चे अपना कागज़ जमा करके डिग्रियाँ ले जाते हैं और मास्टर अपनी डिग्रियाँ जमा करके तनख़्वाह ले जाते हैं। बस यही है यहाँ के डिग्री कॉलेजों का हाल। सुरेंद्र और हर गोविंद ने अपनी एम.ए. नेट की डिग्री पाँच कॉलेज में रखवाई है, यानी वे पाँच कॉलेजों में कागज़ पर पढ़ा रहे हैं। पाँचों को मिलकर पच्चीस हजार पा जाते हैं, पढ़ाते केवल एक जगह हैं। वह भी पढ़ाना क्या, बाबूगिरी करते हैं जाकर।'

'मतलब समझा नहीं भैया, ये डिग्री जमा करके कई जगह से वेतन कैसे कोई ले सकता है?'

'यहाँ हर जगह यही होता है। अब इस आज़मगढ़ को ही देखो। पहले यहाँ छह सरकारी डिग्री कॉलेज थे न, जिसमें तक़रीबन दस हज़ार बच्चे हर साल पढ़ते थे। अब इधर डिग्री लेने वालों की संख्या दोगुनी हो गई और सरकार ने इन डिग्री कॉलेजों का पैसा कम कर दिया। नए शिक्षकों की भर्ती ही नहीं हुई। जिले के सबसे बड़े डिग्री कॉलेज में 12 विभाग हैं, जिनमें आज की तारीख में 9 विभागों में एक भी परमानेंट प्रोफ़ेसर नहीं हैं। अब ये बताओ, ऐसा नहीं करते तो ये नेताओं और ठेकेदारों का काला धन सफेद कैसे होता?'

'मतलब प्राइवेट डिग्री कॉलेज से काला धन सफेद कैसे होगा?'

'अब देखो, एक डिग्री कॉलेज खोला तो उसकी बिल्डिंग दिखा कर पैसे के दम पर तीन की मान्यता ले ली। जैसे मान लो एक टीचर की सैलरी को कागज़ पर दिखाया पचास हज़ार। पच्चीस ख़ुद रख लिया, बीस हज़ार रुपया यूनिवर्सिटी से लेकर नेताओं तक को खिलाया, पाँच हज़ार मास्टर को दिया। अब जो पैसा बचा, उससे या तो कोई और बिज़नेस या अगला चुनाव। यह सबसे सुरक्षित धंधा बन चुका है। इसलिए हम मज़बूर हैं पाँच हज़ार पर काम करने में। आज सोचता हूँ कि ज़िंदगी का सबसे ग़लत फैसला था प्रोफ़ेसर बनने का सोचना। दिल्ली लखनऊ भी नहीं जा सकता घर छोड़कर। ज़िंदगी अब ऐसे ही बितानी है। चलो, अब चलते हैं, गेहूँ में पानी भरने जाना है।'

मैं दिल्ली वाला एडहॉक अब तक यही सोचता था कि हम सबसे ज़्यादा अन्याय का शिकार हैं। लेकिन आज ये सब क़िस्सा सुनकर लगने लगा कि उच्च शिक्षा का असली खेल तो ऐसे छोटे जिलों और क़स्बों में चल रहा है। अनगिनत क़ाबिल युवा ख़ुद को गिरवी रखकर इस देश का मुस्तक़बिल लिख रहे हैं। एक नेता, एक ठेकेदार या शिक्षा माफ़िया के धंधे में भाड़े पर रखे गए गुरु इस देश को विश्वगुरु बना रहे हैं। यह है आज का विश्वगुरु।

26 अप्रैल, 2016

अभिज्ञान की शादी

अब तक यह बात खुलने लगी थी कि प्रोफ़ेसर बनने के लिए डिग्रियाँ तो लिखित शर्त भर हैं। असल पात्रताएँ कहीं लिखी नहीं जातीं। और जिसे कहीं लिखा ही नहीं गया, उसे हम पढ़ते कैसे? वह चीज़ है- 'जुगाड़'। हम कागज़ों पर लिखी क़ाबिलियत जुटाते रहे, जिन्होंने डिग्रियों के साथ 'जुगाड़' कमाया, वे आज बॉस हैं। ख़ैर! इसमें ही अपनी जगह बनानी है। हर एक अस्थायी कर्मचारी यूँ ही जगह बनाने में खपते चले जा रहे हैं।

एडहॉक प्रोफ़ेसर की लड़ाई इस बात के लिये है कि उन्हें विश्वगुरु के दावे वाले देश में गुरु होने की पूरी जगह मिल सके। सक्षम एडहॉक प्रोफ़ेसर अपने दायरे के भीतर अपनी एक दुनिया रचते हैं और अपनी क्षमता के मुताबिक़ उनमें रंग भरते हैं। एक अस्थायी शिक्षक या कर्मचारी फ़ैमिली प्लानिंग करने के लिए सोचता है मगर अनिश्चितता के चलते निर्णय नहीं कर पाता। एक बेरोज़गार अपने एडहॉक होने के इंतज़ार में शादी की हिम्मत नहीं जुटा पाता। संजना के घर वाले उसकी शादी के लिए ऐसा परिवार ढूँढ लाए जिन्हें नौकरीशुदा बहू नहीं चाहिए थी। इसलिए संजना के घर वालों ने एडहॉक की नौकरी छुड़वा कर उसकी शादी करवा दी। संजना के सालों पुराने ख़्वाब को आज तोड़कर उस सफर से वापस किसी और सफ़र पर धकेल दिया गया।

अभिज्ञान प्रकाश स्वामी सहजानंद कॉलेज में पिछले कई सालों से पढ़ा रहे हैं। आज अभिज्ञान की शादी है। घरवाले, रिश्तेदार, बाराती और दुल्हन सब फैज़ाबाद में इंतज़ार कर रहे। मगर आज लास्ट वर्किंग-डे है। अभिज्ञान प्रकाश अगर आज साइन न करते तो नौकरी से हाथ धोना पड़ता। इस मज़बूरी के चलते

आज अभिज्ञान कॉलेज गये। कॉलेज में एडहॉक के लिए रखे अटेंडेंस रजिस्टर पर साइन किया। अपनी आज की क्लास ली। फ्लाइट लेकर सीधे लखनऊ पहुँचे। अभिज्ञान से जब मेरी बात हुई, तब वे लखनऊ से फैज़ाबाद के लिए रास्ते में थे। उस वक़्त शाम के 6 बज चुके थे। बाद में अभिज्ञान प्रकाश ने बताया कि 8 बजे वे घर पहुँचे, तब जाकर अपनी ही शादी में दूल्हा बने। अभिज्ञान प्रकाश ने उस रात बस इतना ही कहा कि अगर मैं परमानेंट होता तो ये हाल नहीं होता। अपना क्षोभ छिपाते हुए बोले-

'शादी एक ही बार होती है। कितने अरमान सज़ा रखे थे। मगर ऐसी शादी होगी मेरी, कभी सोचा भी न था। मेरी सलाह याद रखना; या तो परमानेंट होकर शादी करना या फिर छुट्टियों में शादी करना लक्ष्मण।'

4 मई, 2016

भगत सिंह एडहॉक नहीं थे

यूजीसी ने थर्ड अमेंडमेंट की अधिसूचना आज जारी कर दी। इसमें प्रतिदिन शिक्षण के घंटे बढ़ाकर उच्च शिक्षा में नये प्रयोग की कोशिश है। इसका सीधा सा मतलब है कि अब वर्क लोड आधा हो जाएगा। वर्क लोड घटने का असर पूरे देश में पड़ने वाला है। इस अमेंडमेंट में यह भी कहा गया कि सभी कॉलेजों में बायोमेट्रिक अटेंडेंस होगी और हर शिक्षक को न्यूनतम पाँच घंटे कैम्पस में रहना ही होगा। आज ही मैं इंटरनेट पर बैठकर प्रोफ़ेसर यशपाल कमेटी की सिफ़ारिशें पढ़ने लगा। प्रोफ़ेसर यशपाल कमेटी उच्च शिक्षा को आज़ादख़याल बनाने की पैरोकारी कर चुकी थी। कमेटी प्रोफ़ेसरों को किसी सैन्य बंदिश से आज़ाद कर वैज्ञानिक सोच-विचार के लिए तैयार करने की सलाह देती है। उसी मुल्क़ में आज शिक्षकों को ऑफ़िस का कर्मचारी बनाया जा रहा है। सबको उम्मीद है कि इसके ख़िलाफ़ डूटा ही लड़ाई का आग़ाज़ करेगा। दिल्ली विश्वविद्यालय शिक्षक संघ ने इस बार फिर से कमर कस ली।

डूटा ने सभी कॉलेजों में जाकर शिक्षकों को आंदोलित करने के लिए अलग-अलग टीम बना रखी है। जी हाँ! प्रोफ़ेसरों को भी उनके अपने ही सवाल पर लड़ने के लिए समझाना और जगाना पड़ता है। मेरे कॉलेज में आये डूटा के कई सीनियर ऐक्टिविस्ट शिक्षकों को लामबंद करने की कोशिश में लगे हैं। कोई अपना रजिस्टर उठाकर क्लास जाने लगा तो कोई चाय पीने के लिए उठकर निकल गया। एडहॉक तो सबसे पहले दाएँ-बाएँ होते हैं कि कहीं कोई और न देख ले।

हमारे कॉलेज की सभी बैठकों में परमानेंट प्रोफ़ेसरों के साथ एडहॉक भी बराबर शामिल रहते हैं। विभागीय बैठकों के साथ कॉलेज की सबसे बड़ी बैठक

'स्टाफ़ काउंसिल' में भी एडहॉक बराबर बैठते हैं। मगर सभी बैठकें बिना किसी एडहॉक प्रोफ़ेसर के बोले ख़त्म हो जाया करती हैं। किसी को यह बात ज़रा भी अजीब नहीं लगती। गोया एडहॉक उनके साथ मीटिंग में बैठने मात्र से ही बराबर हो जाते हों। एडहॉक प्रोफ़ेसरों ने भी तय कर लिया है कि कितने भी ज़रूरी सवाल हों पर किसी भी बैठक में कुछ भी नहीं बोलना है। हालाँकि अपवाद हर जगह होते हैं।

महाराजा सुहेलदेव कॉलेज में इतिहास के एसोसिएट प्रोफ़ेसर रूपेन्द्र चौधरी सर से अब एक गहरा रिश्ता बन चुका था। ऐसे कई वैचारिक साथी मिले जिनके साथ लगातार जन-आंदोलनों की बातें होतीं। मुझे निडर और बेबाक़ बनाने में ऐसे तमाम लोगों की बड़ी भूमिका है। रूपेन्द्र सर अपनी साफ़गोई, प्रतिबद्धता और आंदोलनों में जनवादी नारों के लिए मशहूर थे। सरकार की नीतियों पर अक्सर उनसे ही मेरा संवाद होता। आज मिले तो कहने लगे-

'लक्ष्मण! बस यही समझो कि ये सब मिलकर उच्च शिक्षा को एक परचून की दुकान ही तो बनाना चाह रहे हैं। सैम पित्रोदा और ज्ञान आयोग तो याद ही होगा तुम्हें। ये सब भी वही कर रहे। दरअसल उच्च शिक्षा को अब एक खुले बाजार में मुनाफ़ा कमाने वाला कारखाना बनाए जाने की वैश्विक संधि हो चुकी है। कांग्रेस सरकार ने जो काम धीरे-धीरे करना शुरू किया था उसे भाजपा सरकार बहुत तेज़ी से करने लगी है। डब्ल्यूएचओ के सामने सरकारें यह एग्रीमेंट कर चुकी हैं कि उच्च शिक्षा में विदेशी निवेश लागू करेंगी। यह सब उसी दिशा में चलते जा रहे हैं ताकि एजुकेशन एक बिज़नेस बन जाए और पूँजीपति इससे भी मुनाफ़ा कमाएँ।'

वहीं बैठे एक एडहॉक डॉ अभयानंद त्रिपाठी ने कहा-

'देखिए रूपेन्द्र सर ! हमको न तो इतनी राजनीति आती है और न हमसे अकेले कुछ होने वाला है। निकाले जाएँगे तो सब निकल जाएँगे और बचेंगे तो सब बचेंगे। अकेले हमारे करने से न तो कोई काम होगा और न रुकेगा।'

'डॉ अभय! अगर आपके जैसे सभी प्रोफ़ेसर सोचने लगें तो कैसे कुछ भी बचेगा? ऐसे ही भगत सिंह, सुखदेव, राजगुरु भी सोचे होते तो क्या हम कभी आज़ाद हो पाते?'

'रूपेन्द्र सर ! आप तो हैं डूटा के शिक्षक नेता। आप जैसे लोग बचे हैं तो हम जैसों को बचा ही लेंगे। भगतसिंह कोई एडहॉक थोड़े न थे। उन्हें कोई ईएमआई की किश्त नहीं भरनी होती थी। उनके बीवी-बच्चे भी नहीं थे।'

‘मगर उन जैसों की वजह से ही तो हम और आप ऐसी ज़िंदगी जी ले रहे हैं। अगर कल को डूटा में भी लड़ने वाले न बचे तो जो भी सरकारी फ़रमान आएगा, उसे बस सब लागू करते चले जाएँगे। इसी थर्ड अमेंडमेंट को ले लीजिए। हज़ारों शिक्षकों की नौकरी अचानक चली गयी।’

‘हाँ तो सर, अगर सब एडहॉक नौकरी बचाने आएँगे तो हम भी सोचेंगे। बाक़ी अभी चलते हैं, बेटे को स्टेडियम लेकर जाना है। आजकल तो उसकी स्वीमिंग क्लासेज़ भी शुरू हो गयी हैं।’

31 मई, 2016

आई हेट पॉलिटिक्स

आज मंडी हाउस से संसद मार्ग तक डूटा की रैली है। मेरे कॉलेज से मंडी हाउस नज़दीक है। जब भी डूटा ऐसी कोई बड़ी रैली करता है तो कक्षाएँ सस्पेंड कर दी जाती हैं। इधर हमारे कॉलेज से प्रोटेस्ट में शामिल होने वाले शिक्षकों की संख्या अब बढ़ने लगी है। आज जब सभी एडहॉक की नौकरी चली गयी है तो यह संख्या और बढ़ने की उम्मीद सबको थी। एडहॉक प्रोफ़ेसर रघुनन्दन वाजपेयी से जब हमने चलने के लिए बोला तो कहने लगे-

'भारत की आज़ादी में भी तो पूरा देश नहीं सड़कों पर उतरा था न। अरे जब पाँच हज़ार हैं तो बचेंगे तो सब, मरेंगे तो सब। इसलिए हम आज अनुपस्थित होकर भी डूटा का साथ दे रहे हैं।'

हम रैली में जाने के लिए निकलने लगे तो देखा, क्लासेज़ सस्पेंड होने के दिन भी कई एडहॉक क्लास ले रहे हैं। तभी घंटी बज गयी। वे बाहर आए। हमने बोला- 'डूटा के प्रोटेस्ट में नहीं चलेंगे? अब तो हमारी ही नौकरी चली गयी।' पलट कर बोले- 'मैं एक शिक्षक हूँ। क्लास लेना मेरा पहला धर्म है। बाकी जो विधाता ने लिखा है वही होगा। आप लोग जाएँ। मुझे नहीं जाना। आई हेट पॉलिटिक्स। '

'आई हेट पॉलिटिक्स' इस वाक्य के ज़रिये हमारे दौर की युवा पीढ़ी को बाक़ायदा अब तैयार किया जा रहा है। विडंबना यह है कि यह काम पॉलिटिक्स ही कर रही है। हमारे कलीग डॉ. तौक़ीर अनवर बोले-

'जाने दो, ये संस्कारी एडहॉक है। नहीं जायेगा। इसके बॉस पीवीसी के बहुत क़रीबी हैं। यही समझो कि सीधे वीसी तक इसकी अप्रोच है। इसकी परमानेंट नौकरी तो रखी है। और इसे केवल ख़ुद से मतलब है। जैसे इक्का गाड़ी में लगे

खच्चर केवल अपने कदमों के नीचे की सड़कें ही देख पाते हैं, वैसे ही अब इंसान तैयार किये जा रहे हैं।'

रैली स्थल तक पहुँचते हुए कुछ और बिगड़ैल एडहॉक मिल गये। अकेला बिगड़ैल एडहॉक भी भारी होता है। दो हो जायें, फिर कहना ही क्या। डूटा के प्रोटेस्ट में शामिल होकर लगा कि केंद्र सरकार के इस फ़ैसले ने कई संस्कारी व सहनशील एडहॉक को बिगड़ैल बना दिया। रंजन यहीं पहली बार बाग़ी तेवर अपनाते हुए मिला और सिगरेट के धुएँ में अपना गुबार हवा में उड़ाते हुए बोला-

'भाई! ज़िंदगी तबाह हो गई है। 2014 के पहले चार साल तक कांग्रेसी बनकर क्या नहीं किया। किसी कांग्रेसी ने हमको परमानेंट नहीं किया। अब दो साल से संघ का झोला ढो रहा हूँ। अब इस भाजपा सरकार ने नौकरी ही छीन ली। जब कहता कि अब तो हमारी ही सरकार है, परमानेंट शुरू कर दें तो कहते वीसी अभी हमारा नहीं है। प्रिंसिपल भी हमारे नहीं हैं। संघ में बोलो तो कहते हैं भाई साहब, धीरज रखें। क्रमवार सभी को स्थायी नियुक्ति मिलेगी। उधर कांग्रेस में रहा तो सेमेस्टर से लेकर एफवाईयूपी पर गालियाँ सुनीं, अब इनके साथ नौकरी ही खाने की गालियाँ सुन रहे हैं। अब देखो उधर नारे लग रहे हैं-

'नौकरियों को खा गये, अच्छे दिन आ गये।'

आज मुझे यह साफ़ समझ में आया कि किसी अस्थायी कमर्चारी का न तो अपना कोई विचार होता है और न कोई संगठन। जिसकी सरकार होती है, उसके साथ होते हैं। मौसम के साथ ढलना सीखने की देर है। हालाँकि यह बात अधिकांश प्रोफ़ेसरों और सरकारी कर्मचारियों पर भी उतनी ही सटीक बैठती है। आज की रैली इस बात को चुनौती देने की कोशिश थी। रैली से निकलते हुए रमन सर ने एक शे'र बोला-

'लोग क़लमों से बनाते हैं कागज़ों पर कुएँ,
और उम्मीद ये करते हैं कि पानी निकले।'

जुलाई, 2016

राजू से रामजनम की कहानी

रामजनम दा हमारे सीनियर हैं। जब शोधार्थी थे तो अपने सवालों और बहसों के लिए बहुत चर्चित थे। कैंपस में मिले। चाय पीते हुए कहने लगे-

'पता है लक्ष्मण भाई, मैंने दिल्ली में मज़दूरी की है। रात में मज़दूरी करता था, सुबह उठकर पेपर बाँटता था। बाबूजी राजमिस्त्री हैं। मैंने भी बचपन में ईंटा-गारा किया है। पढ़ने का मन था तो एक रात दिल्ली वाली ट्रेन पकड़कर भाग आया। शाहूजी महाराज कॉलेज में एडमिशन मिल गया। पहले ही अटेम्प्ट में जेआरएफ पास किया। फ़ेलोशिप से अपने दो भाई-बहन को पढ़ाया। अब फ़ेलोशिप बंद हो चुकी है। बाबूजी बीमार रहने लगे हैं। इधर कई जगह इंटरव्यू दे चुका, एडहॉक तो छोड़िए कहीं गेस्ट भी नहीं मिल रहा। करनी बँसुली छोड़ क़लम पकड़कर कहीं गलती तो नहीं कर दी। कहीं अब फिर से मज़दूरी न करनी पड़े?'

रामजनम दा पूर्वांचल के बेहद वंचित परिवार से आते हैं। उसी यूपी बिहार के पूर्वांचल से, जहाँ से लिंक जोड़ने की बात एक बार राकेश सर ने की थी। मैंने रामजनम दा से यही बात साझा की-

'सर! आप प्रोफ़ेसर रवींद्र राय से मिलिए न एकबार। सुने हैं पूर्वांचल के लोगों का परमानेंट करवा रहे हैं। आप भी तो पूर्वांचल से ही हैं।'

'आप अभी बच्चे हो लक्ष्मण! क्षेत्रवाद का नंबर जातिवाद के बाद आता है। एक इलाक़े में सब एक जैसे लोग नहीं रहते, वैसे ही पूर्वांचल के होने भर से कहाँ कोई अपना मानता है। हमको ये लल्लो-चप्पो करना कभी आया ही नहीं। मेहनत-मज़दूरी करके यहाँ तक पहुँचे हैं। बस गाँव नहीं लौटना चाहते। गाँव हमारे लिए जातिवाद, सामन्तवाद के अंधे कुएँ हैं। शहरों ने हम वंचितों को अपने खुलेपन से

सहज बनाया है। ख़ुद न भी बन सके तो एक दिन अपने बच्चों को पढ़ा-लिखाकर प्रोफ़ेसर ज़रूर बनायेंगे।'

रामजनम दा को हमेशा हमने साफ़-सुथरे पैंट-बुशर्ट में पिट्ठू बैग के साथ रिसर्च फ़्लोर पर ही देखा। वे अपने साथ एक पानी की बोतल और भींगा हुआ चना लेकर आते थे। एक बार जब वह चना दिया तो हमने पूछा 'सर! ये चना आप इस पानी की बोतल में क्यों लाते हैं?' बोले 'पहले सूखे चने को धोकर इसी बोतल में भरकर रख लेते हैं। फिर पानी डाल देते हैं। दोपहर तक फूलकर खाने लायक़ हो जाता है। रोज़ बाहर का कुछ खाना स्वास्थ्य के लिए नुक़सानदायक है।' वे ढाई-तीन बजे हमारे साथ जोशी की दुकान पर तीस रुपये थाली में भरपेट खा लेते। फिर रिसर्च फ्लोर पर लौट जाते। सबसे पहले सेंट्रल लाइब्रेरी आते और सबसे आख़िर में लौटते। उस दिन मैंने कहा कि चलिए, आज आपके कमरे पर चाय पीयेंगे, मना करने लगे। अजय उनका ज़्यादा मुँहलगा था। इस बार हम उन्हें लेकर उनके कमरे पर आ गये।

कैंपस के पास क्रिश्चियन कॉलोनी का एक दड़बानुमा कमरा। सीलन से गमकता कॉमन टॉयलेट के पास वाला कमरा। सकुचाते हुए बोले-

'अब क्या किसी को अपने कमरे पर लेकर आएँ! हम भी यहाँ बस सोने और नहाने ही आते हैं। बाक़ी समय तो कैंपस में ही बीतता है। कहीं गेस्ट भी नहीं हो रहा। प्रूफ-रीडिंग करके कब तक खर्च निकालेंगे।'

रामजनम दा के कमरे में बाबा साहब की एक बेहद प्यारी तस्वीर है। सामान के नाम पर एक साफ़-सुथरा बिस्तर और दर्जनों किताबें। मेरे गाँव का बचपन का दोस्त राजू याद आने लगा। गाँव की दलित बस्ती, जिसे हमारे यहाँ 'चमरौटी' बोल दक्षिण-पश्चिम कोने पर धकेल दिया गया, में रहने वाला हमारा सबसे प्यारा दोस्त। हमारी इंटरविलेज क्रिकेट टीम का एक ज़बर्दस्त ख़िलाड़ी। बेहद प्रतिभाशाली। उसकी राइटिंग इतनी सुंदर कि जैसे दक्ष कुम्हार का तराशा दीया हो। किताबों का बहुत शौक़ीन था। अपनी जर्जर झोपड़ी में डॉ. आंबेडकर की तस्वीर और एक कोने में दो-चार किताबें रखे रहता। हमने मिलकर कई बार अपने गाँव की क्रिकेट टीम को मैच जिताया। मेरी तरह राजू भी झगड़े से बहुत डरता था। मुझसे बार-बार कहता कि 'सोनू बाऊ, हम लोग जीवन में कुछ बड़ा किया जायेगा।'

बाबा साहब डॉ. भीमराव आंबेडकर से बेहद प्रभावित था। उनसे पढ़ना और लड़ना सीखता था। बड़े सपने देखने की हिम्मत उसे इन्हीं तस्वीरों और किताबों से मिली। डिग्री कॉलेज में छात्रसंघ चुनाव लड़ा। हार गया। बोला 'चुनाव तो लड़े,

हार गये तो क्या!' बहुत हिम्मती था। अक्सर कहता था- 'बाबा साहब तो तब लड़े थे, हम आज नहीं लड़ पाये तो धिक्कार है।' कई बार गाँव की कथित ऊँची जातियों के हिंसक व्यवहार और अपमानजनक गालियों से टूट जाता था। गाँव के बिगड़ैल लड़के शराब पीकर गाँव में घुसते। चमरौटी में उत्पात मचाते। गुस्से से लाल हो उठता। अगले दिन हमसे भी आँख चुराता, बोलता 'यार, ये सब हमारे साथ ही क्यों?' उसकी आँखें हमसे कई मुश्किल सवाल करतीं, जिनका हमारे पास कोई ठोस जवाब नहीं होता था। राजू की माँ हमारे गाँव की दाई थीं। हम उनके हाथ में ही पैदा हुए थे। उनके हाथों पहली मालिश का हम पर क़र्ज़ है।

कॉमरेड पिता के आज़ाद ख़याल मिज़ाज ने उस 'चमरौटी' के दरवाज़े हमारे लिए खोल दिये थे, जो बाक़ी गाँव के लिए केवल मज़दूर खोजने या बचा हुआ खाना बाँटने के लिए खुलते। मान्यवर कांशीराम के मिशन ने यूपी की दलित बस्तियों में जिस आत्मविश्वास को भरा था, वह हमारे गाँव तक देर से पहुँचा। राजू उसका वाहक था। मैं दस साल से गाँव से दूर था। पिताजी के असामयिक निधन के बाद घर पहुँचा था। गाँव वाले मुझे अपनी आत्मीयता में घेरे हुए थे। राजू कहीं दूर पीछे चुपचाप खड़ा था। जब लोग जाने लगे, तब धीरे से आया और कंधे पर हाथ रखा। उसकी भी आँखों में आँसू थे। कुछ बोल नहीं सका। क्रिकेट वाला टाइम होता तो लिपट गया होता।

17 जनवरी, 2017

डीयू में एक 'हत्या'

आज का दिन बहुत मनहूस है। डीयू के एक कॉलेज के संगीत विभाग में एक एडहॉक तक़रीबन सात साल से पढ़ा रहे थे। महीनों से उन्हें परेशान किया जा रहा था। हृदय गति रुक जाने से उनका निधन हो गया। कैम्पस में विवेकानंद स्टैच्यू के सामने उनकी याद में एक श्रद्धांजलि सभा रखी गयी। डूटा के पूर्व अध्यक्ष जनार्दन मिश्रा जी ने क्षोभपूर्ण आवेश के साथ कहा-

'यह एक प्रोफ़ेसर की सामान्य मौत नहीं है। हत्या है यह। हमारा पूरा सिस्टम हत्यारा बन चुका है। क्या हमारे नौजवान साथी इसी दिन के लिए अपना सब कैरियर छोड़कर प्रोफ़ेसर बनने आते हैं? क्या ऐसे बढ़ते मामलों के बाद प्रतिभावान नौजवान प्रोफ़ेसर बनने का सपना देखेंगे? क्या ऐसे में हम अपने विश्वविद्यालयों को बचा पाएँगे?'

सबने नम आँखों से अपने एडहॉक प्रोफ़ेसर को अंतिम विदाई दी। लोग बातें करते रहे कि उसके प्रिंसिपल और टीआईसी ने बहुत दिनों से परेशान कर रखा था। अंदाज़ा हो गया था कि उसे परमानेंट नहीं करेंगे। बहुत उदास रहता था। अवसाद बढ़ता गया। बढ़ता दबाव दिल नहीं झेल पाया, कल शाम अचानक हृदयगति रुक गयी।

श्रद्धांजलि सभा के बाद मैं सेंट्रल लाइब्रेरी चला गया। कुछ पढ़ने की कोशिश की मगर चित्त बहुत अस्थिर था। हमने आज ही रोहित वेमुला शहादत दिवस पर एक प्रतिरोध सभा रखी है। कहाँ पता था कि एक दूसरे क़िस्म की श्रद्धांजलि सभा में भी जाना पड़ जाएगा। हमारे कई दोस्त शाम की प्रतिरोध सभा के लिए लोगों

को फ़ोन और मैसेज कर रहे हैं मगर मैं बेचैन रिसर्च फ़्लोर पर बैठा हूँ। शाम को भाषण देना है तो सोचा उसकी थोड़ी तैयारी कर लूँ। उसी सिलसिले में रोहित वेमुला के नाम एक ख़त लिखने लगा।

साथी रोहित! आज तुम्हारी 'सांस्थानिक हत्या' के पूरे एक साल हो गये। हम जैसे जाने कितने युवा तुम्हारे उस अंतिम ख़त को पढ़ते हैं। पढ़ते हैं और क्षोभ, ग़ुस्से और नये संकल्पों से भर जाते हैं। तुम्हारे सपने आज जाने कितनी आँखों में पल रहे हैं। तुम्हारे लगाये नारे आज जाने कितनी ज़ुबानों से गूँजते हैं। तुम आज भी हो, काश तुम भी ये देख पाते।

तुम्हें हार नहीं मानना था। लड़ना था साथी, माना कि लड़ना आसान कत्तई न थी। माना कि जाते हुए भी हज़ारों वर्षों के संघर्ष को एक तीखी नोक में बदल दिया तुमने। पूरा समाज उद्वेलित हो उठा। ऐसे क्षण बहुत कम आते हैं। काश! तुम देख पाते कि सुदूर गाँवों तक तुमने क्या ताक़त भर दी है। जिस शैक्षणिक मठाधीशी को तुम ललकार गये थे, आज वह दीवार दरकनी शुरू हो चुकी है। काश तुम ये भी देख पाते कि आज तुम्हारी तस्वीरें दीवारों पर भी हैं और लोगों के दिलों में भी हैं। विचारों के संघर्ष में तुम जीत गये। कैंपस के भीतर और बाहर सोये हुए बहुजन नौजवानों को जगा गये तुम।

साथी रोहित! तुमको पता है कि अब देश भर के कैम्पस में माहौल बदल रहा है। जहाँ एक तरफ़ वंचित-शोषित तबके के युवाओं में एक चेतना आई है और वे खुलकर बोल रहे हैं तो वहीं सत्ता अब और सूक्ष्म तरीके से हमलावर है। महीनों तुम्हारी फ़ेलोशिप बंद करने वाली सरकार अब तो सबकी फ़ेलोशिप बंद करती जा रही है। सीटें आधी कर दी गयीं। अब उच्च शिक्षा के तमाम बुनियादी सवालों में प्रतिरोध के तुम चेहरे बन गये हो।

पता है रोहित, बहुत कुछ बदल गया. आज के संघर्षों को तुम देखते तो ख़ुश होते क्योंकि आज देश की हर सड़क पर हो रहे संघर्ष का नायक आंबेडकर हैं। रोहित! हम कभी मिल नहीं पाये मगर इतने दिनों में अगर किसी से हर रोज़ मिला तो वह तुम हो। क्योंकि तुममें जो बात दिखी, वह कहीं और नहीं दिखी। एक ईमानदारी थी तुममें, वैचारिक भी और ज़ेहनी भी। अगर तुम होते तो तुमको अब तक कई बार डीयू बुला चुका होता। हमने तुम्हारे नाम पर नारे लगाये हैं कि तुम ज़िंदा हो हमारे अरमानों में। तुम ज़िंदा हो हमारे संघर्षों में। तुम ज़िंदा हो हर एक तनी हुई मुट्ठी में। पता है, आज तुम्हारे नाम पर कार्यक्रम कर रहे हैं हम। तुम होते तो भाषण देते। टूटी फूटी हिंदी बोलते। हमारे साझा संघर्षों में टूटे दिलों को सुकून मिलता।

तुम्हें अलविदा भी नहीं कह सकते हैं। तुम गये ही कहाँ? तुम हमारे संघर्षों की ताक़त बन गये हो। देश भर के कैम्पसों में सामाजिक न्याय की हर लड़ाई के तुम नायक बन गये हो। तुम हमारी हिम्मत हो। तुम हममें ज़िंदा हो।

जय भीम साथी रोहित !

फरवरी, 2017

कैरियर और मातृत्व

आज कॉलेज से लौटते हुए नॉर्थ कैम्पस आया तो अपर्णा मिली। अपर्णा पीएच.डी. कोर्स वर्क में साथ थी। अभी रानी दुर्गावती कॉलेज में एडहॉक है। अपर्णा जब भी कैंपस में मिलती थी तो खूब चहक कर अपने कॉलेज के क़िस्से सुनाती थी। उसी ने मुझे यह बताया था कि वुमेन कॉलेज में हर तरह की 'सास' मिल जाती हैं। खत्री मै'म और साहनी मै'म की ख़ूब मिमिक्री करती। उसका सबसे प्रिय क़िस्सा कपड़ों को लेकर था। मसलन-

'लिसेन अपर्णा, आय एम योर सीनियर, हाउ डेयर यू टू इग्नोर माय ब्रैंड न्यू ड्रेस।'

अपर्णा की नकल और मिमिक्री ऐसी होती कि हम हँसते हँसते लोट पोट हो जाया करते। फिर धीरे से कहती कि किसी को बताना मत, वरना मुश्किल हो जाएगी। लेकिन आज अपर्णा बहुत परेशान थी। मैंने उससे पूछा-

'क्या हुआ? बहुत परेशान लग रही हो।'

'हाँ यार, बहुत ज़्यादा।'

'बताओ तो, क्या हुआ? कॉलेज में तो सब ठीक है न?'

'कॉलेज को क्या होगा, वह हमारे पहले भी ठीक था और हमारे बाद भी ठीक ही रहेगा। लेकिन हम क्या हैं, हमें आज तक यही नहीं पता।'

'फिर भी हुआ क्या, कुछ तो बताओ।'

'मैंने एक बहुत बड़ी ग़लती कर दी कि मैंने माँ बनने का ख़्वाब देख लिया। तुमको तो पता ही है कि पिछले सात साल से एडहॉक पर ही हूँ। सात साल में तीन बार मुझे तीन अलग अलग कॉलेज से निकाला गया। पहली बार एक सेमेस्टर बाद

ही निकाल दिया क्योंकि नए टीआईसी को अपने रिसर्चर को एडहॉक पर रखना था। उसके बाद एक सेमेस्टर दूसरे कॉलेज में पढ़ाया, जिसकी दूरी मेरे घर से पैंतीस किमी थी। उसी साल मेरी शादी हुई। मज़बूरी में वहाँ से ख़ुद छोड़ना पड़ा। उसके बाद तो पूरे साल कहीं नौकरी नहीं मिली। फिर किसी तरह जुलाई 2012 में रानी दुर्गावती कॉलेज में हुआ। चार साल से वहाँ पढ़ा रही हूँ। घर परिवार वाले लगातार कहते रहे कि शादी के इतने दिन हो गये, कब तक परमानेंट होने का इंतज़ार करोगी। एक बच्चा तो होना चाहिए। मैं टालती रही क्योंकि मैं अपने कैरियर से कोई कॉम्प्रोमाइज़ नहीं करना चाहती थी। मगर फिर ख़ुद सोचा कि परमानेंट का कोई चांस फिलहाल तो नहीं दिख रहा। इसलिए मैंने भी एक बेबी प्लान कर लिया। अब तो लगता है कि मैंने ग़लती कर दी। आज पता किया तो पता चला कि एडहॉक के लिए कोई मैटरनिटी लीव नहीं मिलती।'

उसकी दोनों आँखें भर आई थीं, उनमें लाचारी और ग़ुस्सा एक साथ दिख रहा था। मैंने जिसे हमेशा खिलखिलाते देखा था, वह आज इतनी परेशान थी। मैं अवाक था। ढाँढस बँधाते हुए बोला-

'कोई बात नहीं, परेशान न हो अपर्णा। सब ठीक हो जाएगा।'

औपचारिकता निभाने वाले इन शब्दों के अलावा मेरे पास बोलने के लिए कुछ नहीं था।

'कुछ ठीक नहीं होगा लक्ष्मण। अभी जून में हम सबकी नौकरी ही चली गयी थी, तब भी मैं बहुत परेशान थी। पहली बार घर वालों से लड़कर डूटा के प्रोटेस्ट में गयी। नौकरी किसी तरह बची तो अब ये हो रहा। क्या मैंने बच्चा पैदा करने का फैसला लेकर कोई गुनाह कर दिया? क्या मैं इंसान नहीं हूँ?'

मैं बस उसकी भरी हुई आँखें देखने के बाद कुछ पल इधर-उधर अपनी नज़रें चुराता रहा। मैं भी एक एडहॉक हूँ लेकिन सच पूछिए तो जो दुख तकलीफ़ अपर्णा झेल रही है, उसे मैं शायद महसूस भी नहीं कर सकता।

कुछ देर बाद अपर्णा की दोस्त लाइब्रेरी में उसकी किताबें जमा कर के लौटी। अपर्णा धीरे से उठी और अपनी दोस्त के साथ रिक्शा लेने चल पड़ी। उदासी में इतना कह पायी- 'किसी से कुछ कहना नहीं लक्ष्मण। बाय...'

मैं मायूस उसे जाते हुए देखता रहा। मेरी एक खिलंदड़ दोस्त आज पहली बार हँसी नहीं, अपनी उदासी और आँसू छोड़कर गयी। तभी निशांत आ गया, बोला- भैया, पीएच.डी. का टॉपिक डिफेंस होना है। कुछ बता दीजिए। मैंने कहा- आओ, पहले चाय पीने चलते हैं। मैं इतना परेशान हो गया कि निशांत से बिना कुछ बात

किए बाइक उठाकर कमरे पर लौट आया। एडहॉकिज़्म के इस सिस्टम ने तमाम युवाओं के ख़्वाबों के साथ मज़ाक ही नहीं किया है, उनके वर्तमान को हर रोज़ चकनाचूर करता है। एडहॉकिज़्म के इस सिस्टम में अगर आप किसी भी वंचित तबक़े से हैं तो आप कई तरह के शोषण एक साथ झेलते हैं। और उसे झेलने के लिए आप और आपका परिवार मात्र साथ होता है। बाकी जमाने को तो अहसास ही नहीं होता कि एक अस्थायी कर्मचारी की दिक़्क़तें क्या हैं !

28 फरवरी, 2017

प्रोफ़ेसर, कुंजी और रपट

सुरेश ने फोन पर बताया कि गंगाराम भारद्वाज का जेएनयू में हो गया। इंटरव्यू कुछ ऐसा हुआ-

'आप पॉलिटिकल साइंस से हैं। बताइए, मार्क्स और लेनिन में क्या फ़र्क़ देखते हैं आप?

'बस वही उन्नीस और बीस का।'

हँसते हुए सुरेश बोला कि अगर इंटरव्यू लेने वाला माओ को भी जोड़ देता तो जवाब उन्नीस बीस से होते हुए इक्कीस तक चला जाता। जेएनयू में लगी हुई नेहरू की मूर्ति के पास उस रात डीयू की विवेकानंद की मूर्ति की छाया का अहसास हुआ। दोनों मुस्कुरा दिये थे उस रात।

दोपहर कैंपस में विमला से मुलाक़ात हुई। विमला मेरी ही तरह एडहॉक थी, जो मुझसे तीन साल पहले से मनोविज्ञान विभाग में मेरे पड़ोसी कॉलेज में पढ़ा रही थी। विमला से परिचय कम था लेकिन वह अपने कॉलेज की टॉपर थी। इसीलिए एमफ़िल में उधर एडमिशन हुआ, इधर एडहॉक हो गई। बहुत मन से पढ़ाया करती। अपने छात्रों के बीच बेहद लोकप्रिय थी। उसने पढ़ाने के इतने नायाब तरीके ईजाद किए कि मनोविज्ञान जैसे मुश्किल विषय को उसने साहित्य व कला का विषय बना दिया। दरअसल पढ़ाना उसका जुनून था। लैपटॉप लेकर जाती और हर हफ़्ते एक प्रेजेंटेशन या एक वैश्विक रिसर्च से अपनी क्लास को यादगार बना देती।

लेकिन उसने बातों-बातों में आज कुछ ऐसा बताया कि बस कि मेरे पैर उखड़ गये।

उसने कहा- 'पता है लक्ष्मण, मुझसे मेरे टीआईसी ने कहा कि कल इंटरव्यू है, आज रात इधर मेरे यहाँ ही आ जाओ। परमानेंट होना तय मानकर चलना।'

'अरे! नहीं। क्या बात कर रही हो विमला?'

'वही जो तुम समझ रहे हो। मगर किससे कहने जाऊँ। किसी को यक़ीन नहीं होगा। सब यही कहेंगे कि मैं झूठ बोल रही हूँ। मगर हक़ीक़त यही है कि यहाँ यह सब भी होता है।'

कुछ दिन बाद पता चला कि विमला ने यह फ़ील्ड ही छोड़ दी। उसने शिकायत की थी। प्रिंसिपल के पहले ही कई सीनियर प्रोफ़ेसरों ने मिलकर मामले को वहीं दबा दिया। सुनते हैं एक सीनियर महिला ने कई हथकंडे अपना कर विमला के शिकायत पत्र को वापस करवा दिया। बोली, आप ही बदनाम होंगी क्योंकि हुआ तो कुछ है नहीं। कुछ दिन के लिए टीआईसी को छुट्टी पर भेज दिया गया। वह लौटा तो एक किताब और दो लेख लिख चुका था, जिससे उसका प्रमोशन हो गया। अब वह 'जेंडर सेंसिटिविटी सेल' का इंचार्ज बना दिया गया है।

हमारे विभाग के पुराने लोग दो प्रोफ़ेसरों का क़िस्सा सुनाते थे। एक प्रोफ़ेसर रामखेलावन तिवारी ने एक शोधार्थी को मैसेज भेज दिया था। लड़की लड़ गयी। प्रोफ़ेसर को जबरन रिटायर करवा दिया गया। दूसरे प्रोफ़ेसर गजोधर रंजन ने भी ऐसा ही कुछ किया तो लड़की ने हरियाणा के अपने गाँव में सबको बता दिया। अगले दिन विवेकानंद की मूर्ति से लेकर पुराने कन्वोकेशन हॉल तक दौड़ा-दौड़ाकर अधेड़ प्रोफ़ेसर को लतियाया गया। प्रोफ़ेसर रपट लिखवाने गये। पूछा गया कि आपने किसी को पहचाना तो बोले कि मुँह पर ही सबसे ज़्यादा मार रहे थे। कुछ दिन बाद उसने शोध-संस्था रजिस्टर करवा ली। डेढ़ दर्जन कुंजियाँ लिखीं, जिसे विद्यार्थियों को ख़रीदने से प्रोफ़ेसर ही मना करते हैं। उसने धुँआधार सेमिनार करवाये। अब वह सीनियर मोस्ट है और इंटरव्यू लेने जाता है।

रघु दा ने हमारे विभाग के बारे में एक बार बताया- प्रो. जैनेंद्र तो बदनाम थे। उनका नाड़ा बहुत ढीला था। आज जाने कितनों का ढीला है। उनका स्कूटर उनसे बड़ा था। प्रो. जैनेंद्र के स्कूटर ने कई लोगों को डीयू में परमानेंट प्रोफ़ेसर बना दिया। मगर उनसे आगे तो ये जेएनयू वाले अयोध्या सिंह को ही देख लो। अयोध्या सिंह ने अपने भाई, जो बीएचयू में थे, को एक चिट्ठी लिखी कि तुमने सागर यूनिवर्सिटी के लिए जिसकी पैरवी की थी, उसे कुछ आता जाता ही नहीं। एक भी सवाल का जवाब नहीं दे पाया। चूँकि तुमसे वादा कर दिया था, ज़ुबान दे दी थी तो उसका परमानेंट कर आया हूँ। लेकिन आइंदा ध्यान रखना। ऐसे लोगों की पैरवी मत किया करो।'

'अरे भाई! कैंपस के भीतर एक अलग समीकरण चलता रहता है। जिसकी कमर लचकदार नहीं है, वे सिस्टम में फिट नहीं हैं। सरकारें बाद में बदलती हैं, ये प्रोफ़ेसर सबसे पहले रंग बदलते हैं। कल के कम्युनिस्ट सबसे पहले कांग्रेसी हुए। अब उनमें से अधिकांश संघ में हैं। जाने कितने सामाजिक न्याय वाले भी संघम् शरणम् हैं। वे ही सब जगह सेलेक्शन कमेटी में जाते हैं, सब कमेटी में रहते हैं। जो ये सब नहीं कर पाते, वे केवल एक अच्छे शिक्षक बनकर कक्षाओं और ईएमआई वाले घर और गाड़ी के बीच जी रहे होते हैं।'

विमला की नौकरी तो चली गयी मगर वह जो कुछ अपने साथ बचाकर ले जा सकती थी, लेकर अपने पति के घर गृहिणी बनने मुंबई चली गयी। फिर न विमला लौटी और न उसका क़िस्सा।

मार्च, 2017

सेमिनार में विघ्न

आज कॉलेज के बाद कैंपस आ गया। आर्ट फैकेल्टी के 22 नंबर कमरे में एक साहित्यिक आयोजन चल रहा है। सालों बाद यहाँ कोई कार्यक्रम हो रहा है। 2012 के बाद होने वाले इस आयोजन में मैं भी चला गया। इसी 22 नंबर कमरे में बैठकर हमने कई बड़े कवियों और साहित्यकारों को सुना था। लेकिन जाने किन वजहों से पिछले चार सालों से साहित्यिक व अकादमिक कार्यक्रम ही बंद कर दिए गये थे। एक विश्वविद्यालय बिना सेमिनार व गोष्ठियों के भी कैसे जी लेता है, यह हमने 2012 के बाद से अब तक महसूस किया। हर साल लाखों रुपये गोष्ठी और सेमिनार के लिए आवंटित होते रहे, वापस लौटते रहे। मगर सब बंद तो बंद।

सेमिनार हॉल खचाखच भरा हुआ है। हिन्दी विभाग समेत कई विभागों के दर्जनों प्रोफ़ेसर इस आयोजन में बतौर श्रोता शामिल हैं। राष्ट्रवादी चिंताओं की सांस्कृतिक व्याख्याओं को सुनकर यह तो समझ आया कि सत्ता बदली है तो अकादमिक विमर्श भी बदलेंगे ही। इसलिए एक अकादमिक संस्थान में हर वैचारिकी पर एक स्वस्थ तार्किक बहस होनी ही चाहिए। बनारस से आए वेदाचार्य मुनिलाल पांडे अध्यक्षीय वक्तव्य दे रहे हैं-

'जिन पुस्तकालयों में सनातन संस्कृति का महिमागान करने की बजाय उस पर प्रश्न उठाए जा रहे हों, उनको अग्नि में प्रज्वलित कर देना चाहिए। भारतवर्ष की सबसे बड़ी समस्या यह है कि हमने सहिष्णु बनने के मोह में अपने प्रतिरोधियों को अतिरिक्त अवकाश प्रदान कर दिया। अब उनके विचारों ने हमारे युवाओं के संस्कार एवं जीवनशैली को दूषित कर दिया। माँ सरस्वती के इस पावन प्रांगण में ही देख रहा हूँ, अत्यंत अश्लील कपड़े पहनकर विद्यार्थी ज्ञानार्जन हेतु चले आ रहे

हैं। तीव्र ध्वनि में सिनेमा के गीत संगीत बज रहे हैं। विनाश काले विपरीत बुद्धि। शिक्षा के केंद्र मंदिरों से भी पवित्र होते हैं। इनमें दूषित विचारों की कोई जगह नहीं होनी चाहिए।'

ऐसा व्याख्यान मैं डीयू में पहली बार सुन रहा था। यह सुनते हुए ठीक पीछे श्रीकृष्ण कॉलेज ऑफ कॉमर्स में फ़ेस्ट चल रहा है। ठीक उसी वक़्त गगनभेदी आवाज़ में यो यो हनीसिंह के रीमिक्स गानों पर थिरकते, रेन डांस करते लड़के लड़कियों के शोर मुनिलाल पांडे को मुँह चिढ़ा रहे थे। फिर भी मुनिलाल बोलते गये-

'हम सभी को अपने बच्चों को संस्कृत माध्यम में अध्ययन कराना चाहिए। संस्कृत ज्ञान विज्ञान की भाषा है। संस्कृत मातृभाषा है। जननी है सब भाषाओं की। अपनी संतानों को बिना संस्कृत में अध्ययन करवाए हम राष्ट्रभक्त और संस्कृति रक्षक कैसे हो सकते हैं? पाश्चात्य संस्कृति से रक्षा का दायित्व हमारे ही कंधों पर तो है।'

संस्कृति की चिंता ओढ़े धाराप्रवाह प्रवचन मुद्रा में आ चुके आचार्य से अचानक एक शोधार्थी ने पूछ लिया-

'सर, आपके बच्चे संस्कृत मीडियम में ही पढ़ते हैं क्या?'

लपककर देखा गया, कौन बोला। मुनिलाल पांडे बोले कि असुर प्रवृत्ति का कोई विघ्न-बाधक है।

अब आयोजन अपने दूसरे पड़ाव पर है, जिसमें कवि सम्मेलन होना है। अचानक मंच से आग उगलती आवाज़ में एक पंक्ति भीड़ पर तेज़ी से उछाल दी गयी-

'अहिंसा महा सर्वोत्तम है, ये मनुज कस्तूरी है,
दुष्ट अगर ना समझे तो फिर हिंसा बहुत ज़रूरी है।'

अकादमिक चिंताओं से गुजरता हुआ यह सेमिनार अपने अंतिम पड़ाव पर राष्ट्रवादी हो चुका था। बड़े-बड़े प्रोफ़ेसर भी इस पंक्ति के बाद खड़े होकर तालियाँ बजाते दिखाई पड़े। उनमें से कई प्रोफ़ेसर जल्दी निकल गये, जिन्हें कॉन्फ्रेंस सेंटर में संस्कृति, धर्म और मंदिर को लेकर हो रहे एक राष्ट्रवादी सेमिनार में भी जाना था।

कैंपस की दीवारें तेजी से रंग बदल रही थीं।

अप्रैल, 2017

प्रोफ़ेसर के बच्चे कहाँ पढ़ते हैं

डूटा की कल वाली रैली फ़्लॉप रही। कुल मिलाकर पैंसठ सत्तर लोग ही आए। ऑफ़िस बेयरर्स को अंदाज़ा था इसलिए प्लैकार्ड भी सौ ही ले गये थे। आधे प्लैकार्ड तो ट्रक में ही तफ़री करके डूटा ऑफ़िस लौट गये। उनको कोई हाथ न मिला। साउथ कैंपस के कॉलेजों वाले मास्टर वैसे ही कम आ पाते हैं। सबके घर भी तो द्वारिका से वसुंधरा तक में फैले हैं। डूटा की रैली में शामिल होकर तीन बजे लौटने का मतलब है नोएडा टोल और धौलाकुआँ के घंटों वाले जाम में फँसना। मास्टरों ने डूटा की रैलियों को क़ुर्बान करके दिल्ली के ट्रैफ़िक-जाम से निजात पा रखी है। 'मिलेगा तो सबको मिलेगा, नहीं तो जो मिल रहा, बहुत है' वाली कैटेगरी अमूमन धरने प्रदर्शन से दूर ही रहती है। और इधर एक डूटा है, जो अब हर महीने मंडी हाउस से जंतर-मंतर का ट्रैफ़िक जाम करवाने की आदत बना चुकी है।

कल की रैली में जब कम लोग आए तो उसे जल्दी ख़त्म कर दिया गया। हमेशा की तरह डूटा के बैनर पर एडहॉक से लेकर परमानेंट होते हुए पेंशनर तक के मुद्दे एक दूसरे से उलझे हुए पड़े थे। मैं गया और जब देखा कि दो चार को छोड़कर एडहॉक तो आए ही नहीं तोएनएसडी से पत्रिका लेने निकल लिया। लौटा तो देखा, अभी भी दस सुनने वालों को एक वक़्ता सुनाए जा रहे थे कि कैसे उच्च शिक्षा बर्बाद हो रही है। हिमाचल भवन के सामने का मंडी हाउस वाला समोसा अब अच्छा लगने लगा था। मुझे याद है, जब 2015 में पहली बार अमरेंदर सर ने खिलाया था। काफी फीका सा लगा था।

स्टाफ़ रूम में अब कम बैठता हूँ। क्लास लेकर अमूमन निकल भागता हूँ। एडहॉक अब सबके निशाने पर रहने लगे हैं। अगली क्लास में थोड़ी देर है, तब तक दूसरी वाली ग्रीन-टी भी पी ही लेता हूँ। चाय की चुस्कियों के साथ ही पास की गपशप सुनाई देने लगी।

'यू नो रागिनी मै'म, डूटा तो कुछ करती ही नहीं। 2006 से मेरा अपॉइंटमेंट हुआ है। आज तक असिस्टेंट प्रोफ़ेसर ही हूँ। रक्षा का देखिए। बैचमेट थी। मुझसे तीन साल बाद परमानेंट हुई और आज वह ग्वालियर में एसोसिएट प्रोफ़ेसर हो गयी। ऐसी डूटा को तो ख़तम ही हो जाना चाहिए। अब इसमें कोई जान ही नहीं बची। दे आर डूइंग डर्टी पॉलिटिक्स ऑलवेज।'

'एब्सोल्यूटली सोनिका, मैं तो इसीलिए कभी डूटा की एक भी रैली में नहीं गयी। तुम ही भाग-भाग कर जाती थी। अब समझ आया न तुमको। मुझे तो पहले से ही पता था ये लोग केवल राजनीति करते हैं। ऐंड यू नो, आई हेट पॉलिटिक्स।'

'यस मै'म, यू आर राइट। मैं तो बस दो-चार बार ही गयी। बच्चे बड़े हो गये जब से, मैं तो वैसे भी उन पर ही फ़ोकस हूँ। आरव इस बार सिक्स्थ स्टैंडर्ड में जा रहा।'

'मेरे तो दोनों बच्चे सेटल्ड हो गये। अंकुश को ऑस्ट्रेलिया सूट नहीं किया तो अब वह डेनमार्क जा रहा है। नीलेश तो कब से मुझे बेल्जियम बुला रहा।'

'एक्ज़ेक्टली, वैसे भी इस कंट्री में हायर एजुकेशन का कोई लेवल ही कहाँ है।'

मैं यह संवाद अपने दिल्ली विश्वविद्यालय के ही एक कॉलेज के स्टाफ़ रूम में सुन रहा हूँ। ये सब प्रोफ़ेसर हैं। मगर इनके बच्चे वह पढ़ाई नहीं पढ़ते, जिन्हें ये पढ़ाते हैं। क्योंकि इन्हें सब हक़ीक़त पता है। अपने पढ़ाने की भी और बाक़ी सबकी भी। इसलिए अपने बच्चों का भविष्य क्यों ख़राब करना। जानबूझकर कौन आग में कूदता है भला।

तभी अपर्णा का फ़ोन आया, उसने बताया कि आज उसे कॉलेज से निकाल दिया गया। कॉलेज ने कहा कि मुझे नौकरी और बच्चे में से किसी एक को चुनना है।

वैसे तो अपर्णा को लिख कर देना पड़ा कि अब उसकी डिलीवरी का टाइम क़रीब आ गया है इसलिए वह कॉलेज आने में असमर्थ है। उसके बाद कॉलेज को जो नहीं करना था, कॉलेज प्रशासन ने वही किया। अपर्णा को उसकी एडहॉक नौकरी से हमेशा के लिए छुट्टी दे दी गयी। अपर्णा ने कहा कि-

'मैं अपनी बच्ची को कभी यह अहसास नहीं होने देना चाहती कि उसके आने के पहले उसकी माँ की नौकरी चली गयी।'

देश की शिक्षा व्यवस्था में यह सवाल कभी नहीं उठाया गया कि दसवीं और बारहवीं में लड़कियाँ अव्वल आती हैं, लड़कों से ज़्यादा तादाद में पास होती हैं; मगर बारहवीं के बाद वे लड़कियाँ कहाँ गुम हो जाती हैं? डिग्री कॉलेजों या विश्वविद्यालयों में उसी अनुपात में लड़कियाँ क्यों नहीं पहुँच पातीं? पीएच.डी. की डिग्रियाँ लेने वाली लड़कियाँ लड़कों की तुलना में चौथाई ही क्यों होती हैं? सरकारी दस्तावेज़ों में टूटे ख़्वाबों के लिए कोई जगह नहीं होती। रजिस्टर के पन्ने जज़्बातों को नहीं, आँकड़ों और गिनतियों को ही दर्ज़ करते हैं।

इंसान का वजूद अब संख्याओं में तब्दील हो गया है।

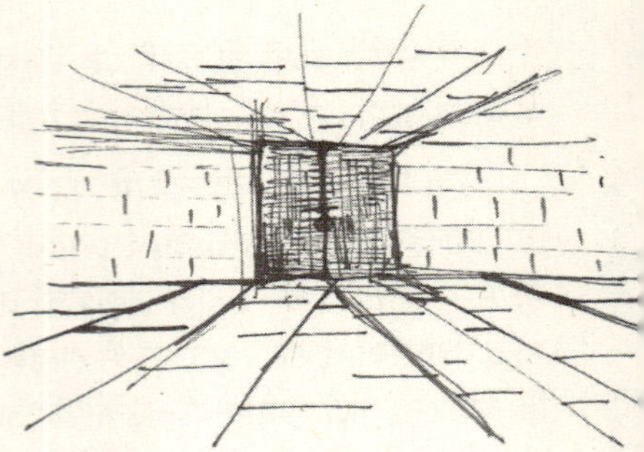

जुलाई, 2017

बंद दरवाज़े

आज दिल्ली विश्वविद्यालय में दूसरी कटऑफ़ का अंतिम दिन था। हरियाणा के नुहूँ से एक बच्चा राजेश डरा हुआ-सा सामने आया। उसका एक परसेंट नंबर कटऑफ़ से कम निकला। उसने पूछा 'गुरुजी! अगली कटऑफ़ में भी नहीं होगा?' मैंने जैसे ही कहा कि शायद न हो पाए क्योंकि ओबीसी की सीटें लगभग फुल हो चुकीं हैं, उसकी आँखें डबडबा आईं। मैंने उसके कंधे पर हाथ रखकर कहा कि राजेश! किसी और कॉलेज में देखो, कहीं न कहीं हो जाएगा, परेशान न हो। वह काँपते हुए कुछ कुछ कहने लगा, मैं चुपचाप सुनने लगा। वह बोला-

'गुरुजी! मैं अपने गाँव-इलाके का पहला लड़का हूँ, जो बारहवीं पास करके पढ़ने आया हूँ। मेरे नम्बर सबसे अच्छे हैं। देखा कि आपके यहाँ फ़ीस कम है तो कई लोगों से पैसे जुटाकर लाया हूँ। कई कॉलेज भाग-दौड़ चुका हूँ। मुझे एडमिशन नहीं मिला तो मेरे घर वाले टूट जाएँगे और कभी कोई अपने बच्चे को दिल्ली नहीं भेज पाएगा। लोग अपने बच्चों को पढ़ाना बंद कर देंगे। गुरुजी! एक ही परसेंट तो कम है, देख लीजिये। क्या कहूँगा सबको वापस जाकर। सबने मिलकर मुझे पढ़ाया है।' आँसुओं को रोकते हुए वो अचानक कमरे के बाहर चला गया। मैं अवाक् था कि मैं कुछ नहीं कर सकता था.

काँपते हुए उसके लफ्ज़ बता रहे थे कि ये लड़का कोई इमोशनल ड्रामा नहीं कर रहा बल्कि उसके सपनों के टूटने की आहट से पैदा निराशा उसके आँसुओं में बह रही थी। जब भी आँसू आते, वह कमरे से बाहर निकल जाता। मैंने पूछा कोई साथ आया है तो बोला नहीं। अकेले आया हूँ। उसके कपड़ों की सिलवटें, कोने मुड़े हुए उसके दस्तावेज़, पैबंद लगा हुआ उसका बैग, काँपता हुआ उसका

पैर चीखकर कह रहा था कि लाख चाहकर भी उसके सपने नंबरों की मेरिट से हार गये। हमने ऐसा सिस्टम बनाया है कि उसकी लाख चट्टान-तोड़ हिम्मत चंद नंबरों की भेंट चढ़ गई।

तीन बज चुके थे। मैं लौटने को हुआ तो देखा एडमिशन के मेले में वह कॉलेज के एक कोने में गुमसुम बैठा था। मैं पास गया और कहा- 'बच्चे! तुम परेशान न हो, कहीं न कहीं तुम्हारा एडमिशन हो जाएगा। डीयू में सब मेरिट से होता है, हम कुछ नहीं कर सकते।' बोला- 'कोई बात नहीं गुरुजी! अगली कटऑफ़ तक देखूँगा। नहीं हुआ तो कुछ और सोचूँगा। बड़ी मुश्किल से यहाँ तक पहुँचा हूँ। आगे भी पढ़ूँगा ही।

'पढ़ाई के अलावा कोई और रास्ता नहीं है मेरे पास।'

अगस्त, 2017

कैम्पस में नॉन-टीचिंग स्टॉफ़ भी होता है

उच्च शिक्षा का स्वर्ण युग कभी नहीं रहा। क़लम और किताब आज़ाद रही। मगर कभी राज़दरबारों ने तो कभी सत्ता ने उसे गुलाम बनाने की कोशिशें कीं। आम लोगों ने कभी आम की डंठल से तो कभी नरकट से किसी धूसर स्लेट पर इतिहास लिखे। देश भर में उच्च शिक्षा अपने सबसे बुरे दौर से गुज़र रही है। किसी एक सरकार या एक पार्टी ने इसे बुरे दौर में नहीं धकेला। इस बर्बादी में सबका हाथ है किसी का कम तो किसी का ज़्यादा। आज़ाद भारत में अच्छे विश्वविद्यालय बनाने का ख़्वाब देखा गया। मगर अब वे विश्वविद्यालय भीतर से दरक रहे हैं और बाहर से उन्हें थूनी लगाकर ढहाने से रोका जा रहा है। नैक ऐसी ही एक थूनी है।

नैक यानी राष्ट्रीय मूल्यांकन एवं प्रत्यायन परिषद नामक संस्थान, जो किसी भी संस्थान की शैक्षणिक गुणवत्ता और उससे जुड़े हुए मानदंडों का मूल्यांकन करती है और इसके मुताबिक़ ग्रेड प्रदान करती है। नैक की टीम कॉलेज आने वाली है। पूरा कॉलेज सजा दिया गया है। मैं जैसे ही रोज की तरह गेट नम्बर दो से बाइक लेकर अंदर आने लगा, गेट पर खड़े मुज़ीब जी बोल पड़े, सर आज तो पार्किंग बैक गेट से होगी। आज टीम आ रही है न। मैंने कहा ठीक। फिर जाते-जाते मुज़ीब पूछ पड़े-

'सरजी! ये टीम वाले केवल टीचिंग वालें से ही बात करेंगे क्या? नॉन-टीचिंग से भी?'

'हमें तो बहुत आइडिया नहीं, फिर भी क्यों पूछ रहे हैं आप?'

‘क्योंकि हमारा तो कोई ख़बर लेने वाला ही नहीं। हम कर्मचारी तो जैसे गमले की तरह हैं। बस इधर से उधर ड्यूटी में लगाए जाते रहते हैं। हमारे मुद्दों पर तो कोई बात भी नहीं करता। प्रिंसिपल को जितना मन किया, उतना सुन लेंगे। वीसी से आज तक हम कभी मिले ही नहीं। न वो हमें जानते हैं और न हम उनको। फिर भी हम यूनिवर्सिटी के हिस्से हैं, बस कहने को सरजी। तो सोचा आपसे कह दें कि आज वाली टीम से मिलवा दीजिएगा। इन्हीं से कह देंगे अपनी फ़रियाद। अब नौकरी मुश्किल होती जा रही है सरजी।’

मुज़ीब चच्चा हर रोज़ इतने प्यार से मुस्कुराते हुए मेन गेट खोलते और दुआ सलाम करते, जैसे कोई अपना रिश्तेदार हो। मैं हर रोज़ रुककर उनसे हाल चाल ज़रूर पूछता। सब ख़ैरियत कह देने वाले मुज़ीब आज बस कहते चले गये और मैं सुनता। शायद उन्हें लगता होगा कि मुझसे कह देंगे तो कुछ हो जाएगा। जैसे तोप समझते हैं मुझे।

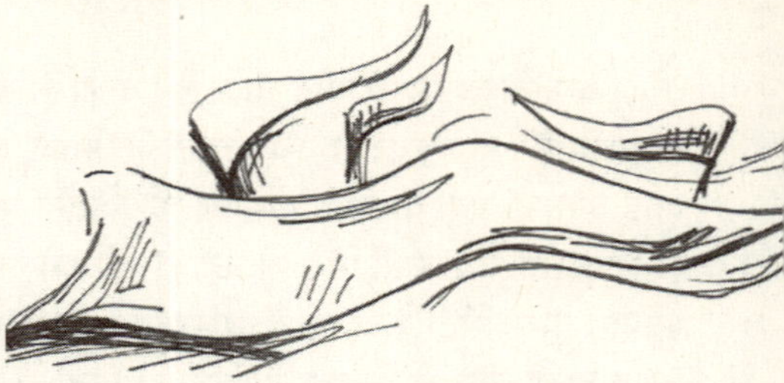

21 सितंबर, 2017

आँचल को परचम बनाती लड़कियाँ

आज का दिन देश के केंद्रीय विश्वविद्यालयों के अब तक के इतिहास के लिहाज़ से बेहद अहम रहा। आज के दिन काशी हिन्दू विश्वविद्यालय की लड़कियों ने अपने कैंपस में हो रहे भेदभाव, हॉस्टल टाइमिंग के पिंजरे के खिलाफ़, आए दिन हो रही छेड़खानी के खिलाफ़ आंदोलन कर दिया। सैकड़ों लड़कियों ने बीएचयू का लंका स्थित मेन गेट जाम कर दिया। इनमें अधिकांश लड़कियाँ अपनी ज़िंदगी में पहली बार किसी आंदोलन, धरने प्रदर्शन में भाग ले रही थीं, वह भी बिना अपने घर वालों को बताए। वे गीत गा रही थीं-

'तिरे माथे पे ये आँचल बहुत ही ख़ूब है लेकिन
तू इस आँचल से इक परचम बना लेती तो अच्छा था'

बीएचयू के गेट पर आंदोलन कर रही लड़कियों पर पुलिस ने लाठी चलाई। ऐसा पहली बार हो रहा था जब 'महामना की बगिया' में विद्यार्थियों का ऐसा आंदोलन हो रहा हो और उल्टे उन्हीं पर पुलिसिया दमन भी हो रहा हो। राधिका को भी चोट आई। डीयू से पोस्ट-ग्रेजुएशन के बाद उसका यहाँ पीएच.डी. में एडमिशन नहीं हुआ। इसलिए राधिका बीएचयू से पीएच.डी. कर रही है। उसने फोन पर यह बताया कि-

'ऐसा दृश्य कभी देखा न था। हम सैकड़ों लड़के लड़कियाँ थे। नारे लगा रहे थे, गीत गा रहे थे। हमारे ही प्रोफ़ेसर हमारी नहीं सुन रहे थे। अगर हम लड़कियाँ अपने कैम्पस में भी सुरक्षित नहीं हैं, आज़ाद नहीं हैं; तो बाहर क्या ही होंगी। मेरी माँ इसी महीने लखनऊ में लाठीचार्ज का शिकार हो चुकी थी। माँ आंगनवाड़ी में हैं और अपनी माँगों को लेकर धरना दे रही थीं। भाई इलाहाबाद के छोटा बघाड़ा

में रहकर एसएससी की तैयारी कर रहा है। सब बाहर रहकर पढ़ने-लिखने के पेशे से जुड़े हैं इसलिए सब समझते हैं। मगर मेरी दोस्त प्रियंका की फ़ोटो अख़बार में देखकर उसके घर वाले उसे वापस बुला ले गये।'

एक ज़माने में इलाहाबाद विश्वविद्यालय में भी लड़कियों ने ऐसे ही आंदोलन कर दिया था। इलाहाबाद यूनिवर्सिटी के पुरुष छात्रावास जितना आईएएस-पीसीएस पैदा करने के लिए मशहूर रहे, उससे कम बम बाँधने और गैंगवार के लिए नहीं। शहीद लाल पद्मधर की मूर्ति के पीछे खड़ा छात्रसंघ भवन इलाहाबाद विश्वविद्यालय की एक पहचान था। एक ही समय में छोटा बघाड़ा, चाँदपुर सलोरी, गोविन्दपुर, अल्लापुर, दारागंज से तो वहीं दूसरी तरफ़ जॉर्जटाउन और सिविल लाइंस से भी लोग एक साथ एक कैंपस में आते हैं। एक शहर को एक विश्वविद्यालय बनाता है और एक विश्वविद्यालय अपने शहर और समाज दोनों को बदलता है। इसमें हावी विश्वविद्यालय को होना होगा। शहर हावी हुआ तो कैंपस इलाज नहीं कर सकेंगे। इलाहाबाद विश्वविद्यालय हो या बीएचयू, ये एक ज़माने में अपने समय से आगे चलने वाली मशाल होने की कोशिश में थे। मगर कब शहर इन कैम्पसों को अपने भीतर समा ले गया, पता ही नहीं चला। इन दोनों शहरों की ख़ामियाँ इन कैम्पसों में भरती गईं।

अब शहर आगे हैं और विश्वविद्यालय उनके पीछे।

8 दिसंबर, 2017

यूआरडीएफ़: एक क़ामयाब कोशिश

गांधी विहार शिफ्ट हुए पाँच साल हो गये। यहाँ दस-बाई-दस के कमरे के साथ अलग किचेन और एक बारामदा भी मिल गया। पार्क-फ़ेसिंग होने के चलते किराया ज़्यादा है। मगर डीयू-जेएनयू-जामिया वाले हम दोस्तों के लिए बैठने का एक अड्डा तो मिल गया। कैंपस क्या होता है, विश्वविद्यालय के भीतर डिबेट-डायलॉग-डिस्कशन का माहौल कैसे तैयार किया जाए। ऐसे जाने कितने मसालों पर लगातार चर्चा होती। हमारे कुक ध्रुप कुमार यह बात समझ चुके थे कि भैया के यहाँ शाम दो-चार समाज-चिंतित लोग अतिरिक्त होंगे।

एक शाम बात होने लगी कि हमारे दिल्ली विश्वविद्यालय में अब कोई सभा-संगोष्ठी नहीं होती। अब प्रायोजित कार्यक्रम होते हैं। कॉन्फ्रेंस सेंटर में धर्म, राम मंदिर और हिंदुत्व पर कार्यक्रम हो चुके हैं। ऐसे में यह तय हुआ कि शोधार्थी और प्रोफ़ेसर आदि मिलकर जनवादी आयोजन करें। इसमें साहित्य, समाज, राजनीति से जुड़े विषय रहें। दो-तीन वक्ता रहें। सवाल -जवाब रहे। सबसे पहले दिल्ली के सभी विश्वविद्यालयों के लोगों को जोड़ा जाए। यह कामयाब हो तो देश के बाक़ी कैम्प के शोधार्थियों और प्रोफ़ेसरों को जोड़ेंगे। यूआरडीएफ जैसे डायलॉग फ़ोरम के साथ हम अपने कैंपस में स्टडी सर्किल, ग्रुप डिस्कशन और कुछ सामाजिक कार्यक्रम करने लगे।

हमारी एक टीम बन गयी। हमारे कार्यक्रमों के लिए कोई कमरा या हॉल तो मिलना नहीं था इसलिए हमने कोशिश भी नहीं की। पहली बैठक कैंपस में आज बुलाई गयी। विवेकानंद स्टैच्यू के सामने 'ध्रुव मिस्त्री लॉन' में ज़मीन पर ही बैठक हुई। आज का विषय है- डॉ. आंबेडकर और आज का भारत। तीन वक्ता, तीनों तीन केंद्रीय विश्वविद्यालयों से। श्रोता कैंपस और कैंपस के बाहर से भी हैं।

जब हमारे सपनों का विश्वविद्यालय नहीं बनता दिखा तो हम कुछ जुनूनी लोगों ने उसे अपने हिस्से से भरने और गढ़ने की कोशिश शुरू कर दी। इस स्टडी सर्किल में कबीर, फुले, पसमांदा के सवाल, फूलन देवी, रामशंकर यादव विद्रोही से लेकर तमाम साहित्यिक सांस्कृतिक प्रश्नों पर शानदार गोष्ठियाँ हुईं। एक समय इसमें डेढ़ सौ लोग शामिल थे। यह हमारे कैंपस के ख़ालीपन को भरने वाली उम्मीद बन गया।

शाम को फ़्लैट पर लौटकर मैंने ऑनलाइन एक आरटीआई लगायी। यूजीसी से पूछा कि देशभर के केंद्रीय विश्वविद्यालयों में एससी, एसटी, ओबीसी के कितने प्रोफ़ेसर कितने कुलपति हैं और कितने कर्मचारी हैं? कुछ दिनों बाद इसका जवाब आया।

देश के 45 केंद्रीय विश्वविद्यालयों में एक भी ओबीसी प्रोफ़ेसर नहीं है। एससी और एसटी भी नाम मात्र के हैं। कुलपतियों का आँकड़ा देने से मना करते हुए यूजीसी ने कहा कि कुलपति सिंगल पोस्ट यानी एकल पद है। इस पद पर आरक्षण लागू नहीं होता। इस आरटीआई की एक विधिवत रिपोर्ट तैयार करके मैंने इसे सार्वजनिक कर दिया।

यह उस वक़्त की सबसे वायरल ख़बर बन गयी। बाद में एक आँकड़ा किसी और की आरटीआई का सोशल मीडिया पर खूब प्रचारित हुआ। इसके मुताबिक़ देश के कुल 596 कुलपतियों में 6 एससी, 6 एसटी और 36 कुलपति ओबीसी हैं। बाक़ी सभी सवर्ण। आज़ादी के छह सात दशक बाद भी विश्विद्यालय के कैंपस सबके कैंपस नहीं बन सके। यह बात हमें बेचैन करने लगी। इस बात पर लेख लिखना, आरटीआई से आँकड़े जुटाना, लोगों को जागरूक करना अब सामान्य सजगता का हिस्सा बन गया। मैं अपनी इस आत्मसजगता के लिए क़लम उठा चुका था। मुझे इसकी भनक तक नहीं थी कि हक़ व न्याय की यह लड़ाई मेरे अकादमिक कैरियर के लिए ख़तरा बन जाएगी और आने वाले कल में मुझे इसकी क़ीमत चुकानी पड़ेगी।

क़ीमत चुकाते हुए पीढ़ियाँ खप गयीं, हम तो हिसाब करने के लिए ख़ुद को तैयार कर रहे थे।

5 मार्च, 2018

रोस्टर का मसला

आज का दिन उच्च शिक्षा में सामाजिक न्याय के लिहाज़ से क्रूरतम दिन है। यूजीसी ने विश्वविद्यालयों के रोस्टर को बदलने का फ़रमान जारी कर दिया। आसान भाषा में कहें तो 200 पॉइंट की जगह 13 पॉइंट रोस्टर लागू कर दिया गया। इसका असर यह होगा कि देश के विश्वविद्यालयों में वंचित-शोषित जमात के लिए प्रोफ़ेसर बनने के अवसर लगभग ख़त्म हो जाएँगे।

उच्च शिक्षा में आरक्षण लागू होने के बाद पदों के आरक्षित क्रमसूची को रोस्टर कहते हैं। यानी सभी स्वीकृत पदों का वह व्यवस्थित क्रम, जिससे 15 प्रतिशत एससी, 7.5 प्रतिशत एसटी और 27 प्रतिशत पद ओबीसी के पद सुनिश्चित हों।

दशकों के संघर्ष के बाद उच्च शिक्षा में आरक्षण लागू हुआ। एससी व एसटी के लिए आरक्षण नब्बे के दशक में और ओबीसी को आरक्षण 2007 में मिला। शुरुआती समय में कई तरह के रोस्टर बनाए गये। *40 पॉइंट रोस्टर, एल शेप रोस्टर, विभागवार 13 पॉइंट रोस्टर।* बाद के दिनों में लम्बे संघर्ष के बाद *200 पॉइंट रोस्टर* आया। यूजीसी ने विश्वविद्यालय को एक यूनिट मानकर लागू 200 पॉइंट रोस्टर को बदलकर विभागवार 13 पॉइंट रोस्टर लागू कर दिया। इसका सीधा अर्थ प्रभाव यह होता कि अब प्रोफ़ेसरों की नियुक्ति में आरक्षित श्रेणी के पद नगण्य हो जाते।

पिछले साल बीएचयू के एक शोधार्थी ने इलाहाबाद हाईकोर्ट में एक याचिका दायर की। इस याचिका पर कोर्ट ने विभागवार रोस्टर लागू करने का फ़रमान सुना दिया। इसे सुप्रीम कोर्ट में चुनौती दी गयी। सुप्रीम कोर्ट ने भी सही ठहरा दिया।

इसी आधार पर यूजीसी ने आज यह फ़रमान सुनाकर विभागवार रोस्टर लागू कर दिया। इसके पीछे की जातिवादी साज़िश को समझना मुश्किल नहीं है।

उस शाम डूटा ऑफिस में मैंने कई लोगों से रोस्टर समझने की कोशिश की। बुनियादी जानकारी के आगे कोई ऐसा न मिला, जो आसान भाषा में इसे समझा पाता। सबसे मिलकर बस इतना समझ आया कि यह बहुत पेचीदा विषय है। मेरे कॉलेज के जितेंद्र चौहान सर ने बताया कि "अंग्रेज़ी विभाग के प्रो. मिलिंद बाबू को आरक्षण से जुड़े मामलों की अच्छी समझ है। कोर्ट में आरक्षण की लड़ाई के एक बड़े नाम हैं। उनसे मिलो।"

प्रो. मिलिंद बाबू के पास फ़ोन किया। ऐसे स्कॉलर और प्रोफ़ेसर ही यूनिवर्सिटी की रीढ़ होते हैं। उनसे नॉर्थ कैंपस में मिला। बहुत देर तक बात हुई। उन्होंनेरोस्टर को बहुत आसानी से समझा दिया। इसे अब हम उसे पूरे देश को समझाने वाले थे। उन्होंने एक किताब बतायी। उसे ख़रीदने के लिए दिल्ली के कई इलाक़ों में भटका। वह राजीव चौक के इनर सर्किल पर 'जैन बुक डिपो' में मिली। उसी शाम उसके ज़रूरी हिस्से पढ़ गया। नोट्स भी ले लिया। मुझे लगने लगा था कि रोस्टर मुद्दे पर अब संगठित आंदोलन खड़ा करने की ज़रूरत है। फ़ेसबुक पर एक लंबी टिप्पणी लिखकर अपनी समझाने की कोशिश की।

रात दस बजे एक सीनियर प्रोफ़ेसर का फ़ोन आया। बेहद आत्मीयता से बोले- डीयू में इतने परमानेंट लोग हैं, चुप है, आपको क्या पड़ी है जो खुलकर लिख रहे हैं? आपको चुपचाप रहना चाहिए। पहले परमानेंट हो लीजिए, फिर ये सब कीजिएगा। मैं पशोपेश में पड़ गया। उनकी चिंता जायज़ थी। मगर हम भी ग़लत कहाँ थे? उनकी बातों को नज़रअंदाज़ करते हुए आगे बढ़ गये।

6 मार्च, 2018

रोस्टर आन्दोलन की पटकथा

आज डूटा ऑफ़िस में बहुजन तबक़े के शिक्षकों ने एक बैठक बुलाई। हॉल खचाखच भरा था। योजना बनी कि रोस्टर मसले पर सड़क पर उतरना होगा। यह जातिवादी क़दम सुप्रीम कोर्ट की आड़ लेकर उठाया गया है। इस मसले पर लोगों के आक्रोश को संयोजित किया जाए। लोगों ने तय किया कि यह सामाजिक अन्याय नहीं होने दिया जाएगा। शिक्षक संघ ने भी अगले एक-दो दिन में आपात बैठक बुलाई है।

विद्यार्थी जीवन से ही लड़ने वाले मगर शिक्षक संघ की सियासत में पेंडुलम बन चुके एसोसिएट प्रोफ़ेसर गजराज ने ललकार कहा- 'इस देश के दलित, पिछड़े, आदिवासियों के लिए जब पहली बार प्रोफ़ेसर बनने का मौक़ा आया तो ये हमारा रास्ता रोकना चाहते हैं। मगर अब हम रुकने वाले नहीं। डंका बजा देंगे।' बिरसा मुंडा कॉलेज के हिस्ट्री के एसोसिएट प्रोफ़ेसर चमन लाल शुरुआती दिनों से ही सामाजिक न्याय के लिए लड़ते रहे हैं। आज की बैठक में बोले- 'मैं देशभर के बहुजन प्रोफ़ेसरों से कहना चाहता हूँ- अपने कम्फर्ट ज़ोन से निकल आओ। मेरा प्रमोशन नहीं कर रहे हैं, केस कर दिया। मैं डरा नहीं, अकेले लड़ रहा हूँ। अब सब मिलकर लड़ जाओ, वरना वापस गाँव जाकर भैंस चराओ। अब लड़ाई आर-पार की होनी चाहिए।'

स्वामी सहजानंद कॉलेज के दिव्यांशु कुमार डूटा के उपाध्यक्ष हैं। वह बोले- 'हम सब समझ रहे हैं कि ये रोस्टर क्यों आया है। ये हम पहली पीढ़ी के लोगों को इस सिस्टम में नहीं आने देना चाहते। ये बात देश भर में फैलायी जाए कि कैसे ये सरकार सुप्रीम कोर्ट की आड़ में रोस्टर बदल दी है। डीयू से अब ये लड़ाई पूरे देश में जाएगी।'

उसके बाद और कई वक्ताओं ने आंदोलन के समर्थन में अपनी बात कही। इस बैठक के बाद यह तय हुआ कि सब अपने पार्टी, संगठन को पीछे छोड़कर संविधान और सामाजिक न्याय को मानने वाले सभी लोग एकजुट हैं। दक्षिणपंथी, वामपंथी, समाजवादी, सामाजिक न्यायवादी सभी शोधार्थी, छात्र और प्रोफ़ेसर रोस्टर आंदोलन के लिए अपने-अपने स्तर पर जुट गये। यह एक जन-आंदोलन बनने जा रहा था।

मैंने अपने लिए रोस्टर की पेचीदगियों और बारीकियों को आसान भाषा में समझाने की भूमिका चुनी। मैंने दर्जनों लेख लिखे, आँकड़े जुटाये, ग्राफ़िक्स के ज़रिए चार्ट बनाये। डीयू और जेएनयू के हमारे कई दोस्तों ने यह काम और भी शानदार तरीक़े से किया। हम लगातार बैठकें करने लगे। यूआरडीएफ़ के साथी ने बिरसा, फुले, आंबेडकर, पेरियार, भगतसिंह वाली वैचारिकी को जोड़कर एक बुनियाद डाल चुके थे। वही टीम इस आंदोलन में सबसे अग्रणी भूमिका में आने लगी। कोई पोस्टर बनाता। कोई लोगों को जोड़ता। कोई सांसदों से मिलने जाता। कोई मीडिया हैंडल करता।

आने वाले कुछ दिनों में रोस्टर आंदोलन अनगिनत लोगों का आंदोलन बनने वाला था।

उसी तैयारी के बीच एक दिन नॉर्थ कैंपस में शाम को टहलने जा रहे हमारे वरिष्ठ प्रोफ़ेसर परमेश्वर सिंह मिल गये। उन्होंने बहुत आत्मीयता से कहा-

'देखो ऐसा है लक्ष्मण, आंदोलन करना हमारा नागरिक धर्म है। मगर एक बात पूछना था। तुम्हारा बिहार में हो गया है न?'

'जी सर! तिलका माँझी यूनिवर्सिटी, भागलपुर मिला है। मगर मैं ज्वाइन करने गया नहीं। छोड़ दिया। यहीं अपने अज़ीज़ डीयू में ही रहेंगे। यह हमारा अपना विश्वविद्यालय है।'

'अरे! इतनी बड़ी गलती तुमने क्यों की? अपना कैरियर सबसे ऊपर रखना चाहिए। यहाँ आंदोलन में सबसे आगे-आगे दिखते हो। तुम्हारा भाषण सुना है। दिल से बोलते हो, सच बोलते हो; मगर इससे बहुत नुक़सान हो जाएगा तुम्हारा। बाक़ी अधिकांश लोग तो परमानेंट हैं। उनका क्या होगा? ये कांग्रेस वाला दौर नहीं है, जहाँ किसी न किसी बहाने संघियों को भी नौकरी दे दी गयी। अब यहाँ जब इंटरव्यू शुरू होंगे, चुन-चुनकर बोलने वालों को बाहर निकाल फेंकेंगे। तुम हो कि बिहार की अपनी परमानेंट नौकरी छोड़ दिया।'

'आपकी चिंता वाज़िब है सर। इस आत्मीयता और शुभेच्छा के लिए शुक्रिया। मगर डीयू में पढ़ाते मुझे दस साल हो गये। यहाँ का अकादमिक माहौल और कहाँ मिलेगा सर? परमानेंट यहीं कहीं हो जाएगा। मेरी मेरिट अच्छी है। नहीं कहीं तो मेरा कॉलेज बहुत अच्छा है। मेरे साथ अन्याय नहीं होने देंगे मेरे लोग।'

'बड़े मुग़ालते में हो। मेरे विद्यार्थी रहे हो इसलिए समझा रहा हूँ। तुमने जब पीएच.डी. जमा की, तब मैं ही विभागाध्यक्ष था। तुम्हारी बहुत चिंता है क्योंकि तुम्हारे जैसे खरे लोग सबको पसंद नहीं आते।'

'सर, अपनी नौकरी के डर से अगर आज नहीं बोले तो मर जाएँगे। अपनी ही निगाह में गिर जाएँगे। आप जैसे प्रोफ़ेसरों ने ही हमें उसूलों की तालीम दी है।'

'तुम सब पहली पीढ़ी हो। ऐसे नुक़सान हो जाएगा। कोई आँसू पोंछने भी नहीं आएगा। जाकर बिहार ज्वाइन कर लो, फिर बाद में मौक़ा देखकर आ जाना डीयू। अभिज्ञान प्रकाश, रनुज, सब चले गये न। वे सब नहीं कर रहे नौकरी? बाक़ी तुम्हारी जैसी मर्ज़ी।'

'सर! बुरा न मानें तो मौक़ा आपके हाथ में भी कई बार था।'

'सही कह रहे हो। हम भी दोषी हैं कि अपने रहते तुम जैसे विद्यार्थियों का कहीं परमानेंट नहीं कर पाए। बहुत अफ़सोस होता है। मगर अब तो तुम भी सब सिस्टम समझते हो न। सब कुछ हमारे हाथ में कहाँ हुआ करता था।'

ये हाथ ही उच्च शिक्षा को थामे हैं मगर ये हाथ हैं किसके और किसके हाथ में हैं, समझने में देर हो गयी।

15 मार्च, 2018

शिक्षक-आंदोलन में जय भीम

आज डूटा ने मंडी हाउस से संसद मार्ग तक प्रतिरोध मार्च रखा है। डीयू, जेएनयू, एयूडी समेत देशभर के दर्जनों कैम्पसों के शिक्षक-छात्र व आम लोग जुटे। मंडी हाउस से शुरू होकर रैली बाराखंभा रोड होते हुए संसद मार्ग की तरफ़ चल पड़ी। आज पहली बार एक नायाब नज़ारा देखने को मिला। इंकलाब ज़िंदाबाद! छात्र-शिक्षक एकता ज़िंदाबाद! डीयूटीए मार्च ऑन! के नारों के बीच एक नारा गूँज उठा-

जय जय जय जय जय भीम!

डूटा में मैंने कभी यह नारा नहीं सुना था। जबकि रोहित वेमुला आंदोलन के बाद यह नारा बहुत अहम बन चुका था। आज रूपेन्द्र चौधरी सर ने यह शुरुआत की। उसके बाद हमारे कई बहुजन शिक्षकों ने यही नारा लगाया। फिर रूपेन्द्र चौधरी सर ने मुझे माइक पकड़ाया। मैं उत्साहित था। मैंने इस नारे का दायरा बढ़ा दिया-

आंबेडकर का मिशन अधूरा, हम सब मिलकर करेंगे पूरा!
सामाजिक न्याय की हत्या, नहीं सहेंगे! नहीं सहेंगे!
13 पॉइंट रोस्टर वापस लो!

आज जो दृश्य देख रहा था वह मेरे लिए नया था। सवर्ण नेतृत्व वाले सभी शिक्षक संगठनों के बड़े-बड़े शिक्षक नेता पहली बार 'जय भीम' के नारे लगा रहे थे। रोस्टर आंदोलन को लेकर पहली सबसे बड़ी रैली आज हम सब की मेहनत से सफ़ल रही।

क्या परमानेंट, क्या एडहॉक, सब भारी तादाद में शामिल थे। सबने एक सुर में बोला- *5 मार्च के सर्कुलर को हर हाल में वापस कराना होगा!* सभी शिक्षक संगठनों और आम शिक्षकों ने इसे आरक्षण विरोधी कहा। डूटा अध्यक्ष संजीव रे ने कहा- "सबसे पहली बात तो मैं यह साफ़ तौर पर कहना चाहता हूँ कि यह 1990 वाली डूटा नहीं है, यह 2018 की डूटा है। अब वक्त बदल गया है। सामाजिक न्याय के लिए हम किसी भी हद तक लड़ेंगे और जीतेंगे। डूटा इस लड़ाई को पूरी ताक़त से लड़ेगी।"

मुझे यह लिखे जा रहे नये इतिहास की तरह सुनायी दिया। इस वाक़्य में यह दर्ज़ था कि हाँ, 1990 और उसके बाद की डूटा में सामाजिक न्याय और आरक्षण को लेकर तमाम ग़लतियाँ हुई हैं लेकिन अब हम उसे दुहरा नहीं सकते। यह बात पुख़्ता है कि देश के विश्वविद्यालय मूलतः आरक्षण-विरोधी आवाज़ों के दबदबे में रहे हैं। मगर आज वक़्त ने करवट बदली है। आज की रैली में सामाजिक न्याय के पैरोकार अपने दक्षिणपंथी, वामपंथी, कांग्रेसी संगठनों के दायरे को तोड़कर एक साथ शामिल थे। रोस्टर आंदोलन ने कुछ समय के लिए संगठनों के दायरों को शिथिल कर दिया था।

रोस्टर आंदोलन इस बात का लिटमस टेस्ट कि है कि आज़ादी के सात दशक बाद हमारा संविधान कागज़ से ज़मीन पर कितना उतर सका।

28 अप्रैल, 2018

कहना ग़लत ग़लत औ छुपाना सही सही

आज बीए थर्ड ईयर की अंतिम क्लास है। आख़िरी कक्षाओं में प्रोफ़ेसर नैतिक उपदेशक बन जाते हैं। विद्यार्थियों ने कहा कि सर, कोर्स कम्प्लीट हो चुका है। रिवीज़न भी हो गया। आगे के लिए कुछ बता दीजिए।

मैंने कहा- 'सबसे पहले गौर से प्रश्नपत्र पढ़ना। जिस सवाल का जवाब सबसे अच्छा आ रहा हो, शुरुआत उसी से करना। कोई जवाब छूट न जाए, इसका ख़्याल रखना। परीक्षा की कॉपी को व्यवस्थित रखना क्योंकि परीक्षक के सामने आप नहीं होंगे, वहाँ आपकी कॉपी ही बताएगी कि आप क्या हैं। और हाँ! परीक्षक एक ऐसा शख़्स है, जिससे आप न पहले मिले हैं, न बाद में मिल सकेंगे इसलिए ख़ुद को बेहतर तरह से पेश करना ....'

कुछ बोलने जा रहा था लेकिन अचानक रुक गया। ये बातें विद्यार्थियों के सामने नहीं करनी चाहिए। एक कॉपी चेक करने के तक़रीबन पच्चीस रुपये मिलते हैं। सब मिलाकर एक बंडल का पाँच या सात सौ रुपये बनता है। अरुण ने उसी दिन बताया था कि जाने कितने लोगों ने फ़्लैट का आधा पैसा तो इसी से निकाला। आपके कॉलेज वाले रंजन कुमार यूनिवर्सिटी के बेस्ट कॉपी-चेकर हैं। एक दिन में बारह बंडल चेक कर देने का उनका रिकॉर्ड यूनिवर्सिटी बुक ऑफ़ रिकॉर्ड्स में दर्ज़ है। जो क्लासरूम में बच्चों के एक जवाब न दे पाते हों, वे धुँआधार जवाब चेक करते हैं। इसीलिए यूनिवर्सिटी ने एक कॉपी को तीन लोगों से चेक करवाने का नियम बना रखा है, ताकि कुछ तो न्याय हो।

मेरे को-एक्ज़ामिनर, पाँचवां बंडल लेकर आए थे, उनसे मैंने दूसरे बंडल की एक कॉपी दिखाते हुए पूछा- 'सर! आपने इस बच्चे को दो जगह नंबर दे दिये, जबकि उसने एक ही सवाल का जवाब दो जगह लिखा है।'

'अरे! ऐसा क्या? चलो कोई बात नहीं लक्ष्मण। दो बार लिखने में मेहनत तो की। दे दो नंबर।'

इस क़िस्से को बच्चों से कैसे बताता। कैसे कहता कि आपकी क़िस्मत का सबसे बड़ा इम्तेहान बड़े लापरवाह लोग भी लेते हैं। उनका मनोबल क्यों तोड़ना। आख़िरी क्लास में उनका मनोबल बढ़ाते हुए बोला- 'बेहतर जागरूक, तर्कशील, समझदार इंसान बनना। ये मौक़ा आपको मिला है, सबको नहीं मिलता। खूब मन लगाकर पढ़ना। यही मुक्ति देगी।'

उनमें से में एक विद्यार्थी ने पूछा- 'सर, मेरा लास्ट सेमेस्टर है। हमें किस फ़ील्ड में आगे बढ़ना चाहिए। हम किस चीज़ की तैयारी करें?'

'जिसमें आपकी रुचि हो। वैसे क्या बनना चाहते हो आप?'

'मैं प्रोफ़ेसर बनना चाहता हूँ, सर। एम.ए. कहाँ से करना ठीक रहेगा और नेट-जेआरएफ के लिए कुछ बता दीजिए। एम.ए. के साथ करते रहेंगे।'

मेरी समझ में नहीं आया कि मैं इस सवाल का जवाब क्या दूँ। उस विद्यार्थी के चेहरे पर मुझे बीए-एम.ए. के दिनों वाला अपना ही चेहरा नज़र आने लगा। मेरा विद्यार्थी प्रोफ़ेसर बनना चाहता है और मैं नौ साल से एडहॉक पढ़ा रहा हूँ। जिस दिन मैं एडहॉक की नौकरी में आया, उसी दिन से मैं परमानेंट असिस्टेंट प्रोफ़ेसर बनने की सारी पात्रता अर्जित कर चुका था मगर दो दर्जन से अधिक इंटरव्यू देने के बाद भी मैं एडहॉक ही हूँ। जिस विद्यार्थी को मैंने तीन साल पढ़ाया है, वह मुझसे प्रोफ़ेसर बनने के बारे में सलाह चाहता है! मेरे अकादमिक जीवन का यह सबसे त्रासद सवाल है। मैं किसी और प्रश्न पर घंटों बोल सकता था लेकिन आज निरुत्तर था। मैंने उसे एम.ए., नेट-जेआरएफ और पीएच.डी. के नियम कायदे बताये। उत्साहित करने की कोशिश की। मगर ...

31 जनवरी, 2019

हम ले के रहेंगे रोस्टर !

आज रोस्टर आंदोलन का ऐतिहासिक दिन है। 29 जनवरी को रोस्टर के लिए केंद्र सरकार की दलील कोर्ट में तीसरी बार ख़ारिज कर दी गयी। तब तक रोस्टर आंदोलन गाँव-गाँव तक पहुँचना शुरू कर चुका था। हमने कल डीयू में आपात बैठक करके आज के दिन मंडी हाउस से जंतर-मंतर तक 'आक्रोश मार्च' करने की योजना बनायी। सुबह पुलिस के एक बड़े अधिकारी का फ़ोन आया-

'आप डॉ. लक्ष्मण यादव बोल रहे हैं? मैं संसद मार्ग थाने से बोल रहा हूँ।'

'जी! बोल रहा हूँ। बताएँ।'

'आप सब भी नेतागिरी करने लग गये? प्रोफ़ेसर को तो राजनीति से दूर रहकर पढ़ने-पढ़ाने से ही मतलब होना चाहिए। इस सबकी क्या ज़रूरत है?'

'अच्छा सर, एक बात बताइए। हमारे पढ़ने-पढ़ाने का सारा फ़ैसला कौन करता है?'

'आपके वीसी और शिक्षा विभाग।'

'और वीसी कैसे और कौन बनता है, राजनीति बनाती है न? उसी राजनीति ने यह किया है कि किसे प्रोफ़ेसर बनने का मौक़ा मिलेगा और किसे नहीं। क्या एक नागरिक का फ़र्ज़ नहीं बनता कि वह ग़लत को ग़लत कहे? और ग़लत को ग़लत कहना अगर राजनीति है तो इतनी राजनीति आपको भी करनी चाहिए?'

'अच्छा, ऐसा है तो फिर तो बहुत ग़लत है। चलिए, हमारा पूरा सहयोग रहेगा लक्ष्मण भाई, हम ख़ुद आप सबके ख़्याल के हैं। वैसे कितने लोगों के आने की संभावना है और आगे का क्या कार्यक्रम है?'

'लोगों का कोई अंदाज़ा नहीं और आगे तो बस संघर्ष का इरादा है।'

धीरे धीरे अपने संगठनों के झंडे बैनर, पोस्टर के साथ बाराखंभा रोड का एक हिस्सा भर गया। दिल्ली ही नहीं, बाहर से भी जाने कितने लोग आ गये। जय भीम! जय मण्डल! जय संविधान! के गगनभेदी नारे, ढपली और तालियों की गूंज से नयी दिल्ली का यह इलाक़ा गूंज उठा। यह महान दृश्य है, भारत के कैंपस से न्याय व अधिकार की चेतना उठ खड़ी हुई है। संविधान और सामाजिक न्याय में यक़ीन रखने वाले सारे बड़े सामाजिक संगठन व राजनीतिक दल जंतर-मंतर पहुँच गये हैं। बस एक दल को छोड़कर।

न्यायप्रिय लोगों का यह रेला जंतर-मंतर पहुँचा। यह मेरे लिए यादगार दृश्य था। गले में जाने कहाँ से ताक़त आ रही थी-

तो कौन सा वाला, रोस्टर?
आंबेडकर वाला रोस्टर!
तो लोहिया वाला रोस्टर!
फुले वाला रोस्टर!
सावित्री वाला रोस्टर!
मंडल वाला रोस्टर!
संविधान वाला रोस्टर!
हम ले के रहेंगे रोस्टर!
जो तुम ना दोगे रोस्टर तो छीन के लेंगे रोस्टर!

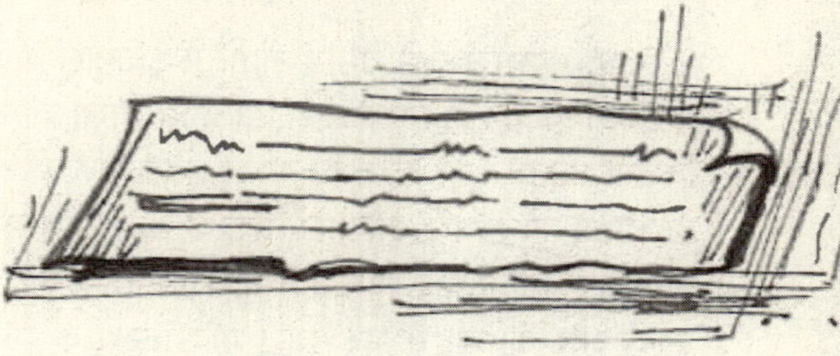

5 मार्च, 2019

इतिहास रचने के लिए इतिहास याद रखें

रोस्टर आंदोलन के लिए बने साझा मंच ने आज 'भारत बंद' का आह्वान किया है। एक विश्वविद्यालय कैंपस से शुरू हुई लड़ाई के लिहाज़ से पिछले दशकों में भारत की यह बड़ी परिघटना थी, जो भारत बंद तक पहुँच गई। रोस्टर आंदोलन गाँव-क़स्बों तक पहुँच गया। कई राज्यों से सड़कें बंद करने की तस्वीरें आने लगीं। गाँवों से लेकर बड़े शहरों तक से '13 पॉइंट रोस्टर वापस लो' वाले वीडियोज़ सोशल मीडिया पर वायरल हो गये। आज एक रैली फिर से मंडी हाउस से जंतर-मंतर तक जानी है। इसमें डूटा का समर्थन मिल सके, इसके लिए हम लोगों को बहुत मशक़्क़त करनी पड़ी। उस वक़्त के अध्यक्ष संजीब रे और उपाध्यक्ष दिव्यांशु कुमार की मेहनत और कई शिक्षकों की कोशिश रंग लायी।

प्रो. गजराज बोल रहे हैं- 'बताओ जब दिल्ली यूनिवर्सिटी ने 2013 से रोस्टर बनाया, शॉर्टफ़ॉल और बैकलॉग को ख़त्म कर दिया, तब तो भाजपा नहीं थी। कौन थे वे लोग, जो सैकड़ों एससी एसटी ओबीसी सीटों को खा गये? कौन थे वे लोग जो लगातार आरक्षित सीटों पर एनएफएस करते रहे? कौन थे वे लोग, जो कोर्ट जाकर आरक्षण का विरोध कर रहे थे? वे वही थे, जिनकी मानसिकता के लोगों ने ही डीयू को मण्डल विरोध का अखाड़ा बना दिया था। क्रांति चौक बनाकर इसी डीयू ने सामाजिक न्याय का विरोध किया था। अब वक़्त बदल गया है। अब हम सबके लिए न्यायप्रिय कैंपस बनाने जा रहे हैं। आप साथ देंगे तो आपको हम अपने पीछे चलने देंगे। आप सब पढ़े लिखे हैं, अपने जातीय हित से ऊपर उठिए। थोड़े इंसान बन जाइए। वक़्त बदल रहा है। आइए, साथ चलिए।'

प्रो. गजराज जैसे तमाम लोगों ने इतिहास याद रखने और इतिहास रचने का काम किया। अब एक साझा इतिहास लिखा जा रहा है। जाने कितने लोगों ने कितनी मेहनत की। आज का भारत बंद सफल हो रहा है। दिल्ली विश्वविद्यालय के छात्रों, शोधार्थियों और प्रोफ़ेसरों के साथ साथ लाखों लोगों ने इसे एक जन-आंदोलन बना दिया। शाम तक सोशल मीडिया देश भर से आयी भारत बंद की फ़ोटो और वीडियो से भर गया। गाँव-क़स्बों के लोग इस आंदोलन की ताक़त बन चुके हैं। केंद्र सरकार अब शायद यह समझ चुकी थी कि अध्यादेश लाना ही पड़ेगा।

7 मार्च, 2019

रोस्टर पर अध्यादेश

भारत बंद वाले दिन शाम तक हमारी मेहनत का प्रभाव दिखने लगा था। भारत के किसान-कामगार आवाम की साझा लड़ाई ने इतिहास रच दिया। आंदोलनकारियों को जीत का अहसास है। आज के दिन ही आम चुनाव के पहले की आख़िरी कैबिनेट बैठक होनी है। हम लोग डूटा ऑफिस और उसके आस-पास जुटे हैं। सूत्रों से पता चल रहा था कि आज की बैठक में 200 पॉइंट रोस्टर पर सरकार अध्यादेश लाने जा रही है। जब तक वह अध्यादेश आ न जाए, तब तक कुछ भी मानना संभव न था।

हम दोस्त पूरे साल चले आंदोलन को याद करने लगे। सबके पास आंदोलन का अपना क़िस्सा है।

'मुझको तो शुरू में यह लगता था कि कैंपस के लोग तो अपने कैरियर को लेकर इतना डरते हैं। वे क्या ही आंदोलन करेंगे। मगर इतने लोग आ गये। यहीं से तो सारा खेल शुरू हुआ।'

'फिर भी, हमारे बहुजन लोग नेता से ज़्यादा संगठन बनाए हुए हैं। हमको यही डर था, ये सब आपस में ही न लड़ने लगें। मगर सब एक होकर सरकार से लड़ गये। सामाजिक संगठनों और कार्यकर्ताओं ने इसे गाँव तक पहुँचा दिया। लगभग सभी छात्र संगठनों ने इसे ताक़त दी। इसलिए हम लड़ पाए।'

'एक बात तो हम सबको माननी पड़ेगी कि अगर सोशल मीडिया न होता तो यह संभव नहीं होता। न्यूज़ चैनलों ने कहाँ कुछ दिखाया? सोशल मीडिया ही असली मीडिया है।'

'ये बात हमें याद रखनी चाहिए। संसद में सपा, बसपा, राजद, आप, कांग्रेस, डीएमके, कम्युनिस्ट पार्टियों जैसे सभी विपक्षी दलों के नेताओं का साथ मिला। असल में यह एक राजनीतिक लड़ाई बन गयी, तभी हम जीत पाए।'

तभी अभिज्ञान प्रकाश ने हँसते हुए बोलना शुरू किया- 'याद है, जब हम सत्ताधारी सांसद बलदेव नारायण के घर गये थे तो क्या हुआ था? हमने उन्हें समझाना शुरू किया- 'सर! सरकार ने रोस्टर बदल दिया है। पहले दो सौ पॉइंट रोस्टर था, जिसे अब बदल कर तेरह पॉइंट कर रहे हैं, जिसके बाद आरक्षित सीटों का भारी नुक़सान हो जाएगा।

'पहले रुको,' वे एक ऊँगली पकड़कर पूछने लगे, 'मान लो दो सीट आयी। एक चली गयी सवर्णों को तो ये दूसरी किसे जाएगी? एससी को या एसटी को या ओबीसी को?'

'नहीं सर, ऐसे रोस्टर नहीं बनता। दो सौ प्वाइंट का होता था, जिसे तेरह प्वाइंट किया जा रहा है ....'

'अरे नहीं। छोड़ो ये सब तेरव-वेरह। ये बताओ अगर दो पोस्ट आईं तो एक चली गई जनरल को, ये दूसरी किसकी?'

तब तक डूटा के उपाध्यक्ष दिव्यांशु कुमार आ गये। आते ही बोले रुको लक्ष्मण, मुझे समझाने दो-

आपने बोला, 'अरे नहीं सर, ये आदमी एक जगह ही अटक गया है। नहीं समझेगा।'

दिव्यांशु कुमार बोले-

'हमने पूरे देश को रोस्टर समझा दिया, इन्हें कैसे नहीं समझाएँगे।'

'देखिए सर, ऐक्चुली इश्यू ये है कि सरकार ये नहीं समझ रही कि कितना बड़ा अन्याय हो रहा है। पहली बार तो इस देश के दलित, पिछड़े, आदिवासी प्रोफ़ेसर बनने आए। पहले दो सौ पॉइंट रोस्टर था, जिसे अब बदल कर 13 प्वाइंट किया जा रहा है, जिससे .....'

'फिर वही तेरह पॉइंट .... जो आ रहा है तेरह-तेरह किये जा रहा है। अरे भाई! मुझे बस ये बताओ कि दो पोस्ट में से वह दूसरी किसकी?'

हम सब बिना पानी पिये उठकर आने लगे। अचानक दिव्यांशु कुमार बाहर निकलते ही बोले- 'कौन बोला था इसके घर आने को?' जिसने बलदेव जी के यहाँ आने का सुझाव दिया था, वह चुपचाप सबसे पहले निकल लिया।

‘अरे सर, नेताओं को क्या दोष दें। हमारे बाबू जी आज बोले कि सारी दुनिया को नौकरी मिल रही, इन्हीं के लिए ही रोस्टर बदल रहा है। नाहक हल्ला कर रहे हैं। कम्युनिस्टों के फ़ेरा में पड़ गया है। हमारे प्रधानमंत्री जी कुछ ग़लत नहीं कर सकते।’

सबने ठहाका लगाया। सबके पास अपने क़िस्से हैं, अपनी यादें। उधर कैबिनेट की बैठक शुरू हो गयी। हम सबकी निगाह एएनआई की ख़बर पर थी। थोड़ी ही देर में ब्रेकिंग न्यूज़ आयी। सरकार ने कैबिनेट में अध्यादेश पास कर दिया।

हमारी मेहनत रंग लायी। इतिहास लिख दिया गया। बाद में जब अध्यादेश की प्रति आयी तो ख़ुशी और बढ़ गयी। अब एसोसिएट प्रोफ़ेसर और प्रोफ़ेसर के पदों में भी ओबीसी को आरक्षण दिया गया है। विवेकानंद स्टैच्यू के सामने फिर से वही वाले नारे लगाये-

तो कौन सा वाला, रोस्टर?
आंबेडकर वाला रोस्टर!
तो लोहिया वाला रोस्टर!
फुले वाला रोस्टर!
सावित्री वाला रोस्टर!
मंडल वाला रोस्टर!
संविधान वाला रोस्टर!

अपने कॉलेज पहुँचा तो जीके डिडोसिया ने कमेंट करते हुए कहा- ‘क्या हाल है नेताजी। अब तो आप कहीं से चुनाव लड़ जाइए।’

‘शुक्रिया सर, वैसे आपको बधाई!’

‘हमको क्या। हम तो मानते हैं कि शिक्षा में आरक्षण होना ही नहीं चाहिए। मेरिट का क्या होगा? फ़ीस किताब कॉपी सब फ्री दे दो मगर आरक्षण आर्थिक आधार पर ही होना चाहिए। ये क्या बैसाखी दे रखा है ख़ैरात में।’

‘आप तो सर बस लड्डू खाइए क्योंकि अब हम आपको समझाने और सुधारने में अपना समय ख़राब कत्तई नहीं करेंगे। जब संविधान नहीं सिखा पाया तो अब समय ही सिखाएगा। गेट वेल सून सरजी।’

डिडोसिया अकेला नहीं है। उच्च शिक्षा के अधिकांश प्रोफ़ेसर आज भी आरक्षण और सामाजिक न्याय पर ऐसी ही समझ रखते हैं।

अक्टूबर, 2019

हमारे दौर को एक फ़िल्टर चाहिए

आज सुबह से ही सोशल मीडिया पर एक वीडियो वायरल हो रहा है। कैम्पसों के भीतर का माहौल तेज़ी से बदल रहा है। इसका अहसास कैंपस में हर शख़्स को है। बाक़ी सब या तो इस बदलाव में शामिल हैं या ख़ुद को उसके अनुकूल ढाल रहे हैं। सोशल मीडिया पर पूर्वांचल विश्वविद्यालय के कुलपति ट्रेंड कर रहे हैं। कुलपति किसी कार्यक्रम में बोल रहे हैं- 'अगर बाहर कहीं तुम्हारा किसी से झगड़ा हो तो रोते हुए मेरे पास मत आना। मारकर आना, बाकी जो होगा वह तुम्हारा कुलपति देख लेगा। तुम वीर बहादुर सिंह पूर्वाञ्चल विश्वविद्यालय के छात्र हो।'

कॉलेज से लौटते हुए नॉर्थ कैंपस जाना है। एक दोस्त की पीएच.डी. जमा होनी है। अब रिसर्चरों को हर महीने स्कॉलरशिप नहीं आती है। यूजीसी का कहना है कि फंड नहीं है। जब आएगा तो मिल जाएगा। कई तरह की फ़ेलोशिप कब बंद हो जातीं हैं और अमूमन लोगों को पता ही नहीं चलता।

नॉर्थ कैंपस में छात्रसंघ चुनाव ने माहौल बहुत उत्तेजित कर दिया है। कैंपस की सभी सड़कें एक साथ मँहगी गाड़ियों और पर्चे-पोस्टर से भर गयी हैं।

एक ही शहर में होने के बावजूद डीयू और जेएनयू के छात्रसंघ का चरित्र बिलकुल अलग रहा है। एक बार जितेंद्र चौहान सर ने कहा- 'जेएनयू एक द्वीप है। बाहर की दुनिया से रिश्ता नहीं बना पाया। काश जेएनयू अपने बाहर भी पाँव पसार पाता!'

हमने छात्रसंघ की अहमियत अपने इलाहाबाद विश्वविद्यालय के दिनों महसूस की थी। एक विविधतापूर्ण लोकतंत्र के लिए छात्रसंघ राजनीति की नर्सरी होते हैं। मगर इसे जानबूझकर बंद या बर्बाद किया जा रहा है।

इन्हीं दिनों महाराष्ट्र के एक केंद्रीय विश्वविद्यालय ने अपने यहाँ 'मान्यवर कांशीराम जयंती' मनाने के आरोप में कई विद्यार्थियों को सस्पेंड कर दिया। उसी रोज़ डीयू के नॉर्थ कैंपस में अंग्रेज़ी विभाग के प्रोफ़ेसर को सरकारी छात्र संगठन के गुंडों द्वारा दौड़ा-दौड़ा कर मारा गया।

यूपी के एक बड़े पुराने केंद्रीय विश्वविद्यालय के कुलपति के बारे में एक ख़बर वायरल हो रही है। कुलपति के ऊपर आरोप है कि उसने करोड़ों रुपये लेकर दर्जनों परमानेंट अपॉइंटमेंट किए हैं। कुलपति के बेटे ने अपना ख़ुद का एक डिग्री कॉलेज खोल लिया है।

डीयू में भी परमानेंट के इंटरव्यू शुरू होने वाले हैं। कॉलेज में, आज स्टाफ़ काउंसिल की बैठक में भाग लिया- चुपचाप, जैसे सब एडहॉक चुपचाप एटेंडेंस के लिए मीटिंग में बैठते हैं। अब ऐसी हर बैठक में थोड़ा गहमा-गहमी होना शुरू हो चुकी है। हर कैंपस में बदलते रंग का असर दिखना शुरू हो गया है। विवाद बढ़ते जा रहे हैं। मीटिंग के बाद मोहम्मद तौक़ीर अनवर के साथ उधर गया, जिधर कुछ लोग सिगरेट पीते थे। आज तौक़ीरजी ने एक कमाल का क़िस्सा सुनाया-

'मोहम्मद असलम जुनैद साहब तब प्रिंसिपल हुआ करते थे। ऐसे ही स्टाफ़ काउंसिल के बाद एक मौलाना प्रोफ़ेसर जाकर उनसे बोले कि जनाब एक गुज़ारिश है, आपसे।'

'जी बिलकुल, फ़रमाएँ।'

'उधर स्टाफ़ रूम के पीछे की तरफ़ लोग सिगरेट बहुत पीते हैं। धुँआ का रुख़ इधर हो जाता है। आपको इस बारे में कुछ सोचना चाहिए।'

थोड़ी देर सोचने के बाद जुनैद साहब बोले-

'ज़नाब आप कहें तो उधर एक एक्स्जॉस्ट फ़ैन लगवा देते हैं' कहते हुए जुनैद साहब मुस्कुराकर चले गये।

मोहम्मद असलम जुनैद जैसे भी थे, सबको लेकर चलते रहे। आज इसी कॉलेज में हमारे बच्चे इसलिए आपस में लड़ाई कर रहे हैं कि किसी कॉलेज पार्टी में नॉन-वेज़ न बने। और ये सब हमारे अपने कॉलेज में हो रहा है। बाहर तो बहुत गरम हवा चल रही है मियाँ।'

सिगरेट का आख़िरी कश लेते वक्त उसका जलता हिस्सा टूटकर गिर गया। तौक़ीर अनवर क़िस्से की यादों में गुम हो गये थे इसलिए सिगरेट चुक जाने का अंदाज़ा नहीं रहा। हाथ में बचे फ़िल्टर वाले टुकड़े को निहारने लगे। फेंकते हुए बोले-

'हमारे दौर को भी एक फ़िल्टर चाहिए।'

4 दिसंबर, 2019

जहाँ शहीद-ए-आज़म क़ैद थे

आज डूटा ने हज़ारों एडहॉक शिक्षकों को नौकरी से निकाले जाने पर डीयू कुलपति के ख़िलाफ़ प्रदर्शन रखा है। हज़ारों की तादाद में एडहॉक के साथ परमानेंट शिक्षक और छात्र भी शामिल हैं। गेट नं 4 पर थोड़ी देर नारेबाज़ी हुई। किसी को अंदाज़ा नहीं है कि आगे क्या होने वाला है। अब यह रूटीन बन चुका है कि किसी भी प्रोटेस्ट की स्थिति में पूरा मौरिस नगर थाना डीयू कैम्पस में ही डेरा डाल देता है। आज बसों में भरकर पैरा-मिलिट्री के जवान और कई थानों की पुलिस बुला ली गयी गोया यह विश्वविद्यालय के शिक्षक व छात्रों का अपने ही कुलपति के ख़िलाफ़ धरना न होकर आतंकी हमला हो। एक वक़्त था, जब एक सेंट्रल यूनिवर्सिटी के कुलपति ने राष्ट्रपति को चिट्ठी लिखकर एक पुलिस कप्तान की नौकरी छीन ली क्योंकि उसने बिना कुलपति के आदेश के कैंपस में पुलिस भेज दिया था।

हज़ारों लोगों का हजूम गेट नं.4 के ठीक सामने वाले गेट से कुलपति ऑफ़िस की तरफ कूच कर कर चुका है। गेट पर सिक्योरिटी ऑफ़िसर अजय सिंह कॉन्ट्रैक्ट पर रखे सिक्योरिटी गार्ड्स के पीछे खड़ा है। विडंबना यह कि ठेके पर प्रोफ़ेसरों के आंदोलन को रोकने के लिए ठेके पर रखे गये सिक्योरिटी गार्ड्स खड़े हैं। सत्ता की यही साज़िश है। राजा के लिए सबसे सुकून तब होता है, जब लड़ाई प्रजा-प्रजा के बीच ही होती रहे। फिर राजा पर उँगली कौन उठाये? आंदोलनकारी गेट पर पहुँचते हैं। गेट खोलकर अपने कुलपति से अपनी नाराज़गी ज़ाहिर करने की कोशिश करते हैं। दूसरी तरफ अजय सिंह बोलता है-

'कोई सिक्योरिटी गेट से हटा तो उसे नौकरी से निकाल देंगे। किसी भी हाल में गेट खुलना नहीं चाहिए।'

ठेके पर रखे गये सिक्योरिटी गार्ड्स, जिन्हें बीस हज़ार के कॉन्ट्रैक्ट पर दस्तख़त करवाकर आठ-दस हज़ार ही तनख़्वाह दी जाती है, उन्हें पीछे से धमकी दी जा रही थी।

ठेके पर रखे गये गार्ड्स एडहॉक शिक्षकों के गुस्से व ज़ोर के सामने हार जाते हैं। गेट टूट जाता है। हज़ारों शिक्षक कुलपति ऑफिस तक पहुँच जाते हैं। कुलपति को अपनी ऑफ़िस से नदारद पाकर कुलपति की ऑफ़िस पर कब्ज़ा कर लिया जाता है। आज़ाद भारत के इतिहास में ऐसे दृश्य देखने को नहीं मिले। देश के किसी विश्वविद्यालय में न तो इतने एडहॉक हैं, न उनके यहाँ ज़िंदा ताक़तवर शिक्षक संघ और न राजधानी में होने का प्रिविलेज़। इसलिए वे अपना गुस्सा, अपनी आवाज़ तक नहीं उठा पाते और न कोई उनकी सुनने वाला है। डीयू के पाँच हज़ार एडहॉक शिक्षकों ने डूटा के साथ अपने कुलपति के ऑफ़िस को ही आज कब्ज़ा लिया।

डीयू वीसी ऑफ़िस, यानी वाइस रीगल हॉल। जो इमारत कभी गुलाम भारत के वायसराय की कोठी हुआ करती थी। जिस इमारत के तहख़ाने में शहीद-ए-आज़म भगत सिंह को गिरफ़्तार करके तीन दिन तक क़ैद रखा गया। मैं ख़ुद उस इमारत में दस साल में पहली बार घुसा। एक ही नारा बार-बार बुलंद था-

इंक़लाब ज़िंदाबाद!

कुलपति ऑफ़िस पर कब्ज़ा कर लिया गया। अब हमारे साथ ढेर सारे एडहॉक बोलने लगे हैं। बोलेंगे तो मारे जाएँगे की सोच रखने वाले एडहॉक आज ललकार रहे हैं। ज़्यादा डराये जाने पर अक्सर डर ही ख़त्म हो जाता है।

डीयू ही नहीं, देश भर के किसी कैम्पस में अब तक के इतिहास का यह अनूठा दिन है। कुलपति अपनी ऑफ़िस से नदारद, हज़ारों शिक्षकों का उसकी पूरी ऑफ़िस पर कब्ज़ा।

काश ऐसे किसी दिन की नौबत ही नहीं आती!

काश ऐसे दिन और ऐसे दृश्य हर कैम्पस में दिखते!

इन दोनों वाक्यों के बीच जो फ़र्क़ है न, वही इस उच्च शिक्षा की बर्बादी की असल वज़ह है।

15 दिसंबर, 2019

लाइब्रेरी में आँसू गैस के गोले

अब ये अफ़साने किससे कहने जाते कि विश्वविद्यालय एक 'एज ऑफ टाइम' होते हैं। एक अलग देश होते हैं। उन्हें बचाना उसके नागरिकों की ज़िम्मेदारी होती है। मगर ये बात कहते किससे और क्यों? हमें इलाहाबाद यूनिवर्सिटी की चाक पर एक आकार मिला, तो दिल्ली विश्वविद्यालय के आँवा में तपाकर गढ़ा गया। ये सब हम जैसों के लिए बस नाम नहीं, वज़ूद के हिस्से हैं। वजूद पर आँच आए तो सब कुछ दरक-सा जाता है।

हालात इतने बदलते जा रहे हैं कि अब देश के विश्वविद्यालयों को सियासत का अड्डा बनने से रोकने वाले उसके नाम पर सियासत करने लगे हैं। हर बजट में शिक्षा बजट घटता जाता है और हमले बढ़ते जा रहे हैं। मगर सबसे बड़ी चिंता इस बात की है कि अब या तो इन हमलों पर लोग ख़ामोश हैं या ख़ुश।

आज ज़ामिया में दिल्ली पुलिस की लाठियों ने लाइब्रेरी में क़लम पकड़ी उँगलियों को खूब तोड़ा। सुबह से पढ़ रहे छात्रों को भी बेरहमी से पीटा गया। पुलिस का आरोप था कि सीएए, एनआरसी आंदोलन के समर्थन में जामिया के छात्रों ने जो प्रदर्शन किया, उससे हिंसा फैल गई। इसका बहाना बनाकर विद्यार्थियों पर हमला कर दिया गया। किसी की आँख फूट गयी तो किसी का हाथ टूट गया। किसान-कामगार घरों से निकल कर आये पुलिस और पैरा-मिलिट्री के जवान उन्हीं किसान-कामगार घरों के विद्यार्थियों को बेरहमी से पीट रहे हैं। देश यह सब देख रहा है। कुछ दिनों पहले ऐसा दृश्य एएमयू में देखने को मिला, जब आँसू गैस के गोले कैंपस में दागे जा रहे थे।

जामिया के कुलपति के आदेश के बिना अब पुलिस कुछ भी कर सकती है। देश के कैंपस बदल चुके हैं और देश के नागरिक इस बदलाव को खामोशी से देख रहे हैं।

उस रात जामिया की लड़कियों ने रास्ता दिखाया मगर उस पर चलता कौन? सालों बाद तक जामिया की लाइब्रेरी से बारूद की गंध और टूटे काँच के टुकड़े पाये जाते रहे। लाइब्रेरी की किताबें भी उस रात रोई होंगी।

16 जनवरी, 2020

एक खीज ऐसी भी

काशी हिन्दू विश्वविद्यालय में इंटरव्यू देने आया हूँ। कई बार फॉर्म भरने के बाद फाइनली इंटरव्यू हो रहा है। कुछ परिचित मिलने आए। लोगों के साथ लंका गेट से निकल रहा रहा था तो एक दोस्त लपका हुआ आया और गुस्से में बोला-

'सुनो भाई लक्ष्मण, यार तुमको तो कुछ करना-धरना है नहीं। हम जैसों का कैरियर क्यों चौपट कर रहे हो?'

'अरे भाई साहब! हम तो आपको जानते भी नहीं। हम भला कैसे आपका कैरियर ख़राब कर रहे हैं?'

'तुम जो ये सब क्रांति करते हो, उसका नुक़सान हम जैसों को उठाना पड़ता है। कोई हमारी नौकरी नहीं होने देता। हर जगह सब यही कहते हैं। एक लक्ष्मण यादव ने हम सबका तमाशा बना रखा है, अब कहीं किसी यादव को गलती से भी सिस्टम में मत आने देना।'

'मैं कुछ समझा नहीं।'

'अरे मैं भी यादव हूँ। नाम में भी गुंजन कुमार यादव लिख दिया था हमारे बाप ने। तुम्हारे चलते कैरियर भी ख़राब हो रहा।'

'फिर आपको संघ में चला जाना चाहिए, तब तो हो जाएगा न।'

'घंटा हो रहा। पाँच फ़ेसबुक आईडी से तो तुमको गरियाने वाली पोस्ट भी डाल चुका हूँ लेकिन इंटरव्यू के पहले कोई मेरी वो सामाजिक न्याय पोस्ट दिखा देता है। सारी मेहनत पर पानी फिर जाता है। संघी होना भाग्य है मगर सवर्ण होना

सौभाग्य। अब जाति कहाँ से बदलूँ। हाथ जोड़ता हूँ भैया, बंद कर दो ये क्रांति-व्रान्ति। किसी और बिरादरी में कोई यह सब करता है।'

यह सुनकर मन भर गया। बीएचयू के ही एक दोस्त ये सब देख रहे थे। बोले, टेंशन न लो, चलो।

देर रात सोशल मीडिया पर इलाहाबाद में रह कर तैयारी करने वाले विद्यार्थियों के कमरे में घुसकर लाठी मारती हुई पुलिस के वीडियो वायरल होने लगे। प्रतियोगी परीक्षाओं की तैयारी करने वाले नौजवान वैकेंसी नहीं आने से ग़ुस्से में थे। आंदोलन करने लगे। इलाहाबाद में छात्र आंदोलन न खड़ा हो जाये, इसके डर से यूपी सरकार के इशारे पर पुलिस ने अपनी लाठी और बूटों से बहुत कुछ कुचल डाला।

16 जुलाई, 2020

जो सर रखते हैं, सर के भीतर मग़ज़ रखते हैं

आज बीएचयू के हिंदी विभाग का रिजल्ट आया है। इंटरव्यू होने से पहले जिन नामों को लेकर चर्चा चल रही थी, वे सभी परमानेंट कर दिए गये। यह एकदम साफ़ है, देशभर के विश्वविद्यालय शिक्षक बनने का ख़्वाब पाले युवाओं के लिए कब्रगाह बन चुके हैं। एडहॉक और परमानेंट अपॉइंटमेंट की बात ही दूर, अब तो पीएच.डी. में एडमिशन तक पहले फिक्स हो जाता है। हर ताक़तवर समूह अपनी लिस्ट भेजता है। सबसे ताक़तवर के सभी कैंडिडेट, उससे कम के कुछ कैंडिडेट और सबसे कमजोर के भी एक-दो कैंडिडेट सेलेक्ट हो जाते हैं।

सबको पता है कि पीएच.डी. में एडमिशन से लेकर परमानेंट अपॉइंटमेंट तक होने के क्या तरीके हैं। कॉलेज के स्टाफ़ रूम में आकर बैठा। आज़म को आँखों ही आँखों से इशारा किया, अगले ही पल ग्रीन-टी मेरे अपने कप में सामने रख दी गयी। कॉलेज में सबसे क़रीब महसूस होने वाला शख़्स आज़म ही है। बिहार से दिल्ली आ गया था। बेहद अभाव में अपनी बीवी बच्चों की परवरिश करता है। कभी परेशान न होने वाला आज़म आज थोड़ा-सा बेचैन था। मैंने क़रीब जाकर पूछा तो बोला-

'कुछ नहीं सर, बीवी बीमार है। उसे लेकर घर जाना है। इधर बीच खर्च बहुत बढ़ गया। कब से आपकी स्टाफ़ एसोसिएशन से कह रहा हूँ थोड़ा पैसा बढ़ा दें। मगर अब देखो कब तक बढ़ाते हैं। आप कुछ कर सको तो बोलो। अच्छा छोड़ो, आप भी तो हमारी तरह ठेके पर ही तो हो। बस इतना अंतर है कि आपकी तनख़्वाह सरकार देती है और हमारी स्टाफ़ एसोसिएशन। ख़ैर छोड़िए।'

‘आज़म, तुमको दस साल हो गये होंगे, मेरा चौदहवाँ चल रहा है। कितना कुछ बदलते देखा है न? तुमको क्या लगता है?’

‘अब कहाँ पहले जैसी बात रही सरजी। अब तो लोग एक दूसरे से मन से बात तक नहीं करते। बाक़ी छोड़ो, हमको क्या। हमें चाय की पत्ती, चीनी का हिसाब रखना है। कप प्लेट जोड़ने हैं। आप सब सोचो और देखो, आप सब प्रोफ़ेसर हो न। समझो हवा कैसे बदल रही है।’

तभी उर्दू विभाग के मोहम्मद ज़ुबैर मिल गये। ज़ुबैर साहब जब भी आते हैं, उर्दू विभाग वाले कोने में ख़मीरी रोटी की महक आती है। वे बिरयानी खाने के लिए बुलाते, मैं ख़मीरी रोटी खाता हूँ। ज़ुबैर साहब प्रोफ़ेसर होकर जामिया चले गये हैं। मुझसे सोशल मीडिया पर जुड़े हैं। जब भी मिलते हैं, एक शे’र ज़रूर सुनाते हैं-

‘दोस्त लक्ष्मण!

जो सर रखते हैं, सर के भीतर मग़ज़ रखते हैं,

आजकल वे बड़ी मुश्किल में हैं।’

आज जब कैंपस की तरफ़ गया तो गेट नंबर चार पर मिठाई का डब्बा लिए हुए शख़्स सामने आया और बोला, ‘मिठाई खाइए सर, मैं सुरेश। यहीं विश्वविद्यालय में गेट नंबर चार पर गार्ड था। अक्सर आप मिलते थे न!’

‘अच्छा हाँ, जब हम देर से जाते, तब भी आप पढ़ते मिल जाते थे।’

‘हाँ सर, मेहनत और आप सबकी दुआ रंग लायी। मैंने एसएससी का एग्जाम पास कर लिया। आपको याद है, आपने एक दिन मुझे क़लम दिया था। मैंने एक्ज़ाम में उसी से लिख था।’

29 जुलाई, 2020

बेचने वाले ने गुलशन बेच डाला है

आज नयी शिक्षा नीति को कैबिनेट ने मंज़ूरी दे दी। आपको अंदाज़ा न हो बताते चलें कि जिस वक़्त संसद सुचारु रूप से नहीं चल रही थी, जब दुनिया कोविड से लड़ रही थी, उसी बीच आपदा को अवसर में तब्दील करते हुए किसान व श्रमिक क़ानूनों के साथ नयी राष्ट्रीय शिक्षा नीति 2020 लागू कर दी गयी। जानकर आश्चर्य होगा कि संसद में बिना बहस के ही यह शिक्षा नीति लागू कर दी गयी। यह है- नया भारत। यह है- न्यू इंडिया। इस पर हर कहीं बहस हो रही है। कॉलेज स्टाफ़ रूम में हुए चाय पीते हुए प्रो. संदीप कुमार ने कहा-

'आप ये क्यों नहीं देखते कि भारतीय भाषाओं को बढ़ावा मिला है, मल्टिपल इंट्री और एग्जिट ऑप्शन है, मल्टी डिसिप्लीन है, कल्चरल ओरिएंटेशन है। केवल कमियाँ देखने से क्या फ़ायदा?'

'मगर ये जो बोर्ड ऑफ़ गवर्नर्स है, हेफ़ा से लोन लेना है, स्वयं ऐप से ऑनलाइन 40 परसेंट टीचिंग है, सेल्फ-फ़ाइनेंस कोर्सेज़ हैं, इस सबका क्या?'

'ये तो ज़नाब वक़्त की डिमांड है।'

बहस चल ही रही है कि आज फिर जावेद साहब आ धमके। रिटायर होने बाद बीच-बीच में आते रहते हैं। वैसे तो मेरे कॉलेज का स्टाफ़ रूम तमाम कोशिशों के बावजूद आज भी निहायत मिलनसार है। लेकिन जब जावेद साहब आते हैं तब तो एकदम समाजवादी माहौल हो ज़ाता है। कहकहों की लड़ियाँ बिखर जाती हैं।

एक बार फिर उनके साथ, उनके हाथ की बनाई हुई चाय पीने, बैठ गया। उन्होंने एक शे'र कहा-

'नशेमन ही के लुट जाने का ग़म होता तो क्या ग़म था,
यहाँ तो बेचने वाले ने गुलशन बेच डाला है।'

इधर आपदा को अवसर में बदल देने वाले लोगों का दिन फिर गया। कोई धुआँधार शोध लेख छापने-छपवाने की दुकान खोलकर संपादक बन गया तो किसी ने संगोष्ठी, एफडीपी कराने का ज़िम्मा ले लिया। अजय अक्सर कहता है, प्रमोद पाण्डेय ने सेमिनार करवाकर लाखों रुपये कमा लिए, तीन फ्लैट दिल्ली में है। यूजीसी केयर लिस्ट यूँही नहीं लाई गई है। ये सब धंधा है, धंधा। लेख छपवाना है- दो हज़ार। एक साल पुराने अंक के लिए- चार हज़ार। पाँच साल पुराने अंक के लिए- पाँच हज़ार। भविष्य के अंक के लिए ढाई हज़ार का फिक्स रेट है। यूजीसी से लेकर सेलेक्शन कमेटी सबको ये सब पता है, फिर भी चूँकि दुनिया एक रंगमंच है तो सब अभिनय कर रहे हैं।

14 अगस्त, 2020

बिना मोबाइल के पढ़ाई

अख़बार लेना बंद कर दिया है। सुबह उठकर सरसरी नज़र से ऑनलाइन अख़बार पढ़ लेता हूँ ताकि पता चलता रहे कि क्या चल रहा। कोविड का पहला लॉकडाउन ख़त्म हो रहा है। कक्षाएँ अभी भी ऑनलाइन ही चल रही हैं। अभी ख़बर देखी कि भारत सरकार के शिक्षा विभाग ने आज केंद्रीय विश्वविद्यालयों की एक श्रेष्ठता सूची जारी की है। इसमें जामिया मिल्लिया इस्लामिया पहले, जेएनयू दूसरे और अलीगढ़ मुस्लिम विश्वविद्यालय चौथे स्थान पर आया। इसमें दिल्ली विश्वविद्यालय का स्थान दस में भी नहीं। आज जामिया, जेएनयू और एएमयू के कैम्पसों में ताज़ी हवा बह रही है। सुबह से बारिश हुई और तमाम बीमार लोग भी इस बदले हुए मौसम में बाहर निकल कर टहलने लगे हैं। मेरी क्लास है।

आज ऑनलाइन क्लास लेकर थोड़ा असहज बैठा था। एक 103 बच्चों की क्लास में मात्र 22 की अटेंडेंस है। दो दर्जन बच्चे फोन और मैसेज कर चुके हैं कि या तो उनके पास स्मार्टफोन नहीं है या उनका इंटरनेट इतना खराब स्पीड का है कि वे मेरी क्लास नहीं ले पा रहे हैं। तभी सुरेश ने फोन किया और पूछा-

'कोविड 19 के लॉकडाउन के बाद जब 10 अगस्त को एडहॉक की ज्वाइनिंग हो गयी तो हम गेस्ट टीचरों का अब क्या होगा? चार महीने से मकान का किराया नहीं दिया है, उधार लेकर ख़र्चा चल रहा है सर। SOL और NCWEB में पिछले सेमेस्टर में जितना पढ़ाया, उसका पैसा तक नहीं आया अब तक। गर ज्वाइनिंग का कुछ आसरा हो तो रुकूँ या अब दिल्ली छोड़कर घर लौटना पड़ेगा। चाचा की खाद-बीज भंडार की दुकान है। बोल रहे अब तुम्हारे बस का नहीं है प्रोफ़ेसर बनना। आकर बिज़नेस करो। भूखों तो नहीं मरोगे। क्या करूँ घर चला

जाऊँगा तो फिर कभी इस सिस्टम में लौट नहीं पाऊँगा। क्या करूँ सर, आप ही कुछ गाइड कीजिए।

मेरे कुछ समझ में नहीं आया कि ऑनलाइन क्लास न ले पाने वाली सुषमा का दर्द ज़्यादा अहम है या दो साल पहले पीएच.डी. करके बैठे सुरेश का दर्द। यह हक़ीक़त है आज की हमारी उच्च शिक्षा का।

आइनें में भी तो उसी का अक्स दिखता है जो उसके सामने होता है। तमाम चेहरों के ग़म दिखाने वाले आइनें ही नहीं मिलते।

सितम्बर, 2023

गोबर, गौशाला और नीतू सिंह का आंदोलन

डीयू का रंग पूरी तरह बदल चुका है। डूटा भी बदल चुकी है। इस साल सबसे बड़ा काम मेरे अपने कॉलेज में ही हुआ। कई अस्थायी प्रिंसिपलों के बाद मौलाना आज़ाद दिल्ली कॉलेज को एक प्रिंसिपल मिल गया। एक रोज़ हमारे कॉलिज के एक रिटायर्ड प्रोफ़ेसर मोहम्मद मुज़ीब स्टाफ़ रूम में आए। बातों-बातों में जो कुछ वे महसूस कर रहे थे, बयान करने लगे-

'दिल्ली कॉलिज, हम जैसों की मोहब्बत का आशियाना। रिटायर होने के बाद भी जब कभी आना होता, लगता ही नहीं कि पहली बार आ रहे हैं। मगर आज एक कसक दिल में महसूस हो रही है। कभी सोचा है डीयू के किसी और कॉलिज में कहीं कोई मुस्लिम प्रिंसिपल है? नहीं न? एक कॉलिज था। रहने देते। तुम्हारी मर्ज़ी के मुताबिक़ लोग तो अब हर जात बिरादरी-मज़हब में मिल ही जाते हैं, उन्हीं में से किसी को बना देते। तुम्हारा ही काम करते। नाम का ही सही, विविधता का रंग तो क़ायम रहता। बहुत तंगदिल है यह निज़ाम।'

मुज़ीब साहब उर्दू विभाग से रिटायर हो चुके थे। कभी कभार आते तो मुझसे ज़रूर मिलते। रोस्टर आंदोलन में कामयाबी के बाद मैं तमाम सामाजिक-राजनीतिक मसालों पर खुलकर लिखने-बोलने लगा था। आज मुजीब सर मुझे गले लगाते हुए बोले-

'तुमको जब भी देखता हूँ, लगता है कि उम्मीद की रौशनाई अभी भी है। तुम्हारी ज़ुबान में एक पाकीज़गी है। मुझे नहीं पता कि इस नौकरी में तुम्हारा क्या

होगा क्योंकि हालात तो बेइंतहाँ बदल गये हैं। मगर तुम्हारा मुस्तक़बिल शानदार होगा, मेरी दुआएँ हैं।'

इकोनॉमिक्स विभाग में दोस्त बन चुकीं दो सगी बहनों ने मुझे हिम्मत दी। हम साथ में बैठते, साथ में चिंताओं और उम्मीदों की बातें करते। स्टाफ़ रूम का एक कोना हमारे होने से साँस लेता रहता। तभी तौक़ीर अनवर ने एक सोशल मीडिया पोस्ट दिखाई कि नॉर्थ कैंपस के एक कॉलेज में 76 कुण्डी यज्ञ हो रहा है। यह वही कॉलेज है, जिसमें लड़कियों के हॉस्टल की जगह पर गौशाला खोलने की बात खूब वायरल हुई थी।

इस बीच एक अजीब-सा वाक़या सामने आया। साइकोलॉजी डिपार्टमेंट की डॉ. नीतू सिंह, जो कि एक दलित परिवार से आती हैं, उन्हें कॉलेज से निकाल दिया गया। नीतू ने बताया कि उन्हें जातिवादी गालियाँ भी दी गईं।

क्या आपने कभी सोचा, डीयू के लगभग नब्बे कॉलेजों में कितने प्रिंसिपल दलित, पिछड़े, आदिवासी हैं? डीयू के सौ साल हो गये कितने वीसी ग़ैर-सवर्ण बने हैं? नहीं न? इस सब पर सोचने की ज़िम्मेदारी किसकी है!

जहाँ एक तरफ़ डीयू के सौ साल पूरे होने पर सोने के सिक्के दिए जा रहे हैं, वहीं डॉ. नीतू सिंह का आंदोलन चल रहा है। नीतू भाषण दे रही हैं-

'आज डीयू के सौ साल पूरे हो गये। मुझ जैसे लोगों को डीयू ने निकाल दिया। प्रिंसिपल ने मुझे अपमानित किया। प्रिंसिपल ने मेरे ऊपर आरोप लगाया कि मेरे विद्यार्थियों ने मेरे ख़िलाफ़ शिकायत की। मैंने मुक़दमा कर दिया। जाँच में अधिकांश बच्चे फ़ेक निकले। यानी उस रोल नंबर के बच्चे ही कॉलेज में नहीं हैं। चार्जशीट फ़ाइल हो गई है। झूठे आरोप लगाकर मुझे नौकरी से निकाल दिया। डूटा ने कोशिश की मगर मुझे न्याय नहीं मिला। अब एक दलित की बेटी न्याय के लिए लड़ेगी। मेरा समाज मेरे साथ खड़ा होगा। हम सर पर कफ़न बांधकर लड़ेंगे। हमें नौकरी नहीं, न्याय चाहिये।'

राकेश ने नीतू के धरने के पास हमें बताया कि 'उनकी प्रिंसिपल बहुत नाराज़ है कि ये लड़की सब बाहर जाकर बोलती है। दक्षिणपंथी ख़ेमे से जुड़ाव है इसलिए आम्बेडकरवादियों को नहीं पसंद करती। आज कल बोलने वाले लोग किसे पसंद हैं! देखो न, अब डीयू में कौन बोल रहा है, सब उधर चले गये या चुप हो गये।'

डॉ नीतू सिंह जैसी कितनी लड़कियाँ हैं जो लड़ने की हिम्मत कर पाती हैं। नीतू सिंह ने महीनों डीयू के गेट पर आंदोलन किया। उनके साथ बहुत अन्याय हुआ, अपमान हुआ- मगर न डरीं और न झुकीं। लड़ती हुई नीतू आज भी मुर्दा समाज के सामने एक उम्मीद हैं।

नीतू क़लम और संविधान लेकर आज भी लड़ रही हैं।

अक्टूबर, 2023

डीयू में एक और रोहित

आज लक्खीमल कॉलेज का रिज़ल्ट आने वाला है। वहाँ की प्रिंसिपल एक ज़माने में हमारे कॉलेज के अंग्रेज़ी विभाग में हुआ करती थीं। बेख़ौफ़ शख़्सियत। इंटरव्यू का आज आख़िरी दिन है। शाम चार बजे के क़रीब सब तय होगा।

इंटरव्यू भी अच्छा हुआ था। पंडित गजोधर JNU से आए हैं। उनका मुझसे पहले था। निकलते ही लगे बोलने- 'हमसे पूछता है सब कि अष्टछाप में कितने कवि थे?'

मैंने कहा- ''पाँच'

'अरे नहीं, फिर से सुनिए अष्टछाप में कितने कवि थे।'

'पाँच ही थे।'

'फिर सब गुस्सा में बोला जाइए, आपके बस का नहीं है। दरवाज़े तक पहुँचने पर पीछे से एक मेंबर बोले-

'कितनी बार हम इशारा किए कि अष्ट अष्ट यानी आठ। ये भी नहीं बता पा रहे हैं आप।'

'अगर आठ ही बता देते तो क्या आप परमानेंट कर देते क्या?'

'हद लोग है भाई। हम तो सुन दिए कि ड्रामाँ तुम कर रहे हो। सेटिंग हो जाएगी तो तुम रोक नहीं पाओगे और नहीं हुई तो तुम कुछ दे भी नहीं पाओगे। तुम सब तो बस मुहरें हो। आक़ा के ग़ुलाम। एक की बेटी कहीं परमानेंट हो गयी तो दूसरे की बहू। तीसरे को तो बस कहीं का वीसी बनना है इसलिए बस हम जैसे जेएनयू वालों को बेइज्जत करते हैं। आख़िरी दिन जगराम हानी का ही सब चलेगा।'

'देखो भैया! जिसको नौकरी देना फिक्स कर रखा है, उससे पूछ रहे हैं कि अपने बाप का नाम बताओ। हमसे ससुरे पूछ रहे हैं कि हमारे बाप का नाम बताओ।'

मैंने कहा, 'आप तो बस निगेटिव बातें ही करते हैं सर। बिलकुल ऐसा भी नहीं है।'

'एकदम बोक्का हो तुम। अबकी संघ एकदम टाइट है। मॉनिटरिंग तीन-तीन फ़िल्टर से की जा रही है। पहले हमारे कम्युनिस्टों ने किया, फिर कांग्रेसियों ने किया। अबकी इनको मौक़ा मिला है, देखना चुन-चुनकर भरेंगे। सीनियरों को पहले ही एकमुश्त प्रमोशन देकर चुप कर दिया है वरना जिस दिन जाँच हो जाए, पता चलेगा दो दो पैराग्राफ़ के डेढ़ पन्ने के लेख पर लोग प्रोफ़ेसर प्रमोट हो गये।'

'अरे नहीं सर, आप कुछ भी बोलते हैं। हमारा नहीं हो रहा है तो इसके ये मतलब थोड़े कि सब ग़लत ही हो रहा।'

'लक्ष्मण, पिछले छह महीने में बारहवाँ इंटरव्यू दे रहा हूँ। सब खेल देख रहा हूँ। अब ये भी मत कह देना कि तुमको ये भी पता नहीं कि चंदा चल रहा है।'

'अरे सर, आप भी न। अब ये ज़्यादा हो गया। क्या प्रूफ है आपके पास?'

'प्रूफ तो इस बात का भी नहीं कि मंदिर वहीं था। मगर वहीं बन रहा है न। क्या कहा कोर्ट ने, जनभावना। तो जिस बात का प्रूफ न हो तो इसका मतलब सब ग़लत थोड़े हैं। अब सुनो! एक दिन में डेढ़ सौ लोगों का इंटरव्यू यूँ ही हो रहा है। सब ऊपर से नीचे तक सेट है मामला। तुम तो अपना देखना। सुना है तुम्हारे यहाँ का प्रिंसिपल शिक्षक प्रभाग का दिल्ली प्रमुख है। उसे भेजा ही गया है वहाँ ख़ास मक़सद से। अपना देख लेना भैया। मेरा फ़र्ज़ है आगाह करना।'

'जब सब आप जानते ही हैं, तो इंटरव्यू देना छोड़ क्यों नहीं देते? 'अब छोड़िए सर, इन बातों को कोई साबित तो कर नहीं सकता। बस लोग उड़ाते रहते हैं।'

'सुनो, इसको देखो। इसका यहाँ हो जाएगा देखना। वंशराज कॉलेज में इसका नहीं हुआ। क्योंकि वहाँ उसकी प्रिंसिपल मैडम ने उसका कर दिया, जो उनका सबसे प्रिय चेला था। किसी भरम में मत रहना। रियलिस्टिक रहना। ये कैंपस बर्बाद हो चुके हैं। मैं हर लेवल की बर्बादी देखते रहना चाहता हूँ इसलिए हर एक इंटरव्यू देने ऐसे ही आता रहूँगा ताकि मारने के समय सबका चेहरा याद रखूँ। वैसे मर गया न समरवीर? किसने मारा उसे? सब मरेंगे साले।'

समरवीर बिरसा मुंडा कॉलेज में एडहॉक था। उसका परमानेंट नहीं किया गया। अकेला घर परिवार की उम्मीद था। इस साज़िश और अवसाद को नहीं झेल सका। फाँसी लगा ली।

पंडित गजोधर जेएनयू निकले, इधर मेरा नंबर आया। चार पाँच मिनट बात हुई। मगर आज देखें किसका यहाँ होता है। मेरे पास दोपहर दो बजे संकेत कुमार का फ़ोन आया। डूटा ऑफ़िस से ही फ़ोन करके बधाई देने लगे कि लक्खीमल कॉलेज में मेरा हो गया। मैं समझ रहा था कि मज़े ले रहे हैं इसलिए टाल गया मगर दिमाग़ वहीं था। शाम सात बजे के क़रीब फ़ोन की घंटी बजी-

'हेलो लक्ष्मण! बधाई!'

'शुक्रिया मगर माफ़ कीजिए, न तो मैं आपको पहचाना और न बधाई की वजह।'

'अरे मैं रंजन कुमार, कॉलेज से यार। बधाई इस बात की कि तुम्हारा लक्खीमल कॉलेज में परमानेंट हो गया है।'

'सर लेकिन अभी तो मुझे कोई सूचना नहीं है।'

'मैंने जिसे बधाई दे दी, उसको कोई रोक नहीं सकता।'

एक दो फ़ोन और आए बधाई के। देर रात तक मुझे ख़बर मिल गयी कि होना तो था मगर ये ख़बर ऊपर पहुँची तो बात बिगड़ गयी। कहा गया कि लक्ष्मण का नाम काटा जाए। यह बधाई चंद की बधाई ग़लत होने की ये इतिहास में पहली घटना थी।

20 नवम्बर, 2023

गुरु बनने की दक्षिणा

मेरे कॉलेज से आज कई मेल आए। उनमें से एक था हिंदी विभाग की सलेक्शन कमेटी का। 29 नवम्बर से हिंदी विभाग में परमानेंट के इंटरव्यू शुरू हो रहे हैं। मैं उसी दोपहर अपने एक सीनियर प्रोफ़ेसर से मिलने गया। हम साथ में क्रिकेट खेला करते थे। वह बहुत मानते थे। मैंने उनसे कहा- 'सर! मैं आपसे कुछ माँगने नहीं, बस ये कहने आया हूँ कि अब मुझे क्या करना चाहिए? ये मेरा अपना कॉलेज है। यहाँ नहीं हुआ तो कहीं नहीं जाऊँगा। मैं जो हूँ और जो अब तक किया हूँ, यह सब मेरा चुना हुआ है। इसलिए इसको लेकर तो कोई बात करनी नहीं है।'

'देखो, तुम्हारे ख़िलाफ़ बहुत से अपने लोगों ने ही निगेटिव माहौल बना रखा है।'

'जैसे?'

'जैसे कि हमारा वैचारिक विरोधी है, देशभर में घूम-घूमकर हमारे ख़िलाफ़ बोलता है, तनकर रहता है, सब झुक गये नौकरी के लिए, ये जाने किस अकड़ में रहता है, संघ-विरोधी है, वामपंथी है, कंट्रोल में नहीं रहेगा, बाद में चलकर परेशानी का कारण बन जाएगा। यही सब। और ये सब तो तुम भी जानते ही हो, कौन सी नयी बात है।'

'फिर मुझे करना क्या चाहिए सर?'

'तुम्हारे हाथ में करने को है ही क्या? जो तुम्हें नहीं करना चाहिए था, वह सब करते हुए अब बहुत आगे निकल चुके हो। सब जानते हैं कि तुम ग़लत नहीं हो, वरना चौदह साल से तुम इस सिस्टम में टिके कैसे रहते। मगर देखो, यही हक़ीक़त है। जो ताक़त में रहेगा, वो अपने हिसाब से ही सब काम करेगा। हम तो यही चाहेंगे कि तुम्हारा हो। ऑल द बेस्ट।'

बाहर निकला तो एक रिटायर्ड प्रोफ़ेसर अपने दो-तीन सीनियर के साथ मिल गये। पुरानी पेंशन का काग़ज़ बनवाने आये थे। प्रिंसिपल से अच्छा रिश्ता है। रमन कुमार सर ने उनसे कहा कि ज़रा इन बच्चों का ख़्याल रखिए। छूटते ही वह आदमी बोल पड़ा-

'अरे इसके लिए क्या सोचना। इसके लिए तो लालू मुलायम हैं ही। इसे अखिलेश यादव या तेजस्वी यादव नौकरी देगा!'

जी हाँ! ये मेरे साथ काम कर चुके एक रिटायर्ड प्रोफ़ेसर की मानसिकता है। ऐसा पहली बार नहीं हुआ। मेरे साथ अक्सर ऐसा हुआ। घर आ गया। अपने काम में लगा रहा और अपने इंटरव्यू का इंतज़ार करने लगा। कहीं नहीं गया किसी से कुछ नहीं कहा।

संचित का फ़ोन आया। कहने लगे, ''भैया चुन-चुनकर बाहर कर रहे हैं। जो उस लिस्ट में नहीं हैं, उनको भी निकाल रहे हैं। रोस्टर आंदोलन में आपके साथ मेरा फ़ोटो दिखाकर नहीं किया। कहा कि ये लक्ष्मण यादव का दोस्त है। काश मैंने भी रमेश की तरह अपना सोशल मीडिया अकाउंट डिलीट कर दिया होता। फिर सोचता हूँ महेंद्र यादव तो ये सब कर गये थे। फिर भी दस साल पुराना जेएनयू का फ़ोटो उसी दिन आ गया, जिस दिन रिज़ल्ट आना था। हम तो कह रहे थे दक्षिणा भी ले लो। फिर भी नहीं किया। बहुत बुरा हाल है भैया। आपका तो आपको पता ही होगा।'

6 दिसम्बर, 2023

शजर छीन लिया, परिंदा उड़ चला

मेरे कॉलेज ने एक ईमेल से औपचारिक ऐलान कर दिया। लगभग चौदह साल पढ़ाने के बाद मुझे मेरे कॉलेज से निकाल दिया गया। मुझसे मेरी धड़कन छीन ली गयी। परिंदे से उसका शज़र नहीं छीनना चाहिए। मगर वक़्त को यही मंज़ूर था। जिल्ले-इलाही के सिपहसालारों ने इसकी बहुत तैयारी की थी। वही हुआ, जिसका अंदेशा था। मगर जब हुआ तो अहसास करा गया।

मेरा इंटरव्यू अच्छा हुआ था। तुलसी पर शोध के चलते आख़िर में एक सवाल 'ताड़ना' पर पूछा गया। इस सवाल के गहरे राजनीतिक अर्थ थे, यह समझते हुए भी मैंने एक संतुलित जवाब दिया। मैं उनकी आँखें पढ़ ले रहा था। मुझे पता था कि ये सब क्यों हो रहा है।

3 दिसंबर को जब हिन्दी डिपार्टमेंट का रिज़ल्ट फ़ाइनल हुआ, उसी शाम इंटरव्यू बोर्ड के एक सदस्य का मैसेज आया- 'आई एम सो सॉरी लक्ष्मण।'

बस यही पाँच शब्द थे। अचानक कलेजा धक्क से कर गया। बहुत दिन से ख़ुद को मज़बूत किया था कि जब ये वक़्त सामने इम्तहान लेने आएगा, कमज़ोर नहीं पड़ूँगा। मगर ...

विडंबना देखिए, उस दिन में नागपुर में था। संविधान दिवस पर एक कार्यक्रम में बोलने के लिए गया हुआ था। पहला फ़ोन अपनी पत्नी को किया। और कुछ कहने की स्थिति में नहीं था। उसे बस यही पाँच शब्द बताते हुए कहा कि बस यही मैसेज आया है। इतना बताया और फिर ...

चौदह साल जिस कॉलेज को दिया, उसे मुझसे छीन लिया गया। साढ़े इक्कीस साल के एक अनगढ़ शख़्स को जिस कॉलेज ने गढ़कर तैयार किया, उसी से मुझे निकाल दिया गया। वजह बताने का न तो कोई नियम है और न कोई ज़रूरत। उन्हें भी सब पता है और मुझे भी। बस अफ़सोस यही कि कॉलेज के कई अपनों ने उतना साथ नहीं दिया, जितने की दरकार थी।

अम्मा और बड़े चाचा को लेकर ही चिंतित था कि उनकी क्या प्रतिक्रिया होगी। अम्मा बोलीं-

'हम त पहिले से ही क़हत रहलीं, गौं से रहा। ढेर मत बोला। लेकिन न तोहर बाप कब्भों हमार बात मनलें और न तूँ मनला। अब देखा कुल निकार दहलें न। चला कऊनो बात ना, परसान मत होइहा। कुछ ना होई घरे चल अइहा, चिंता मत करिहा। सब अच्छा होई।'

बड़के चाचा बोले- "जो लड़ाई तुम लड़ रहे हो, उसके लिए ये क़ुर्बानी बहुत छोटी है। तुम सही हो, तुम्हारा संघर्ष सही है। इन ज़ालिमों के ज़ुल्म का अंत एक न एक दिन ज़रूर होगा। परेशान बिलकुल मत होना। हम हैं न।"

मेरे कॉलेज में विद्यार्थियों ने आंदोलन किया। लोगों के सांत्वना फ़ोन आने लगे। हज़ारों फ़ोन आए, हज़ारों लोगों ने सोशल मीडिया पर मेरे समर्थन में लिखा, सैकड़ों जगहों पर आंदोलन हुए, राष्ट्रपति को ज्ञापन दिया गया। आप यक़ीन नहीं करेंगे, दर्जनों फ़ोन ऐसे लोगों के आए, जो फ़ोन पर ही रो रहे थे कि आपके साथ अन्याय हुआ है सर। हम हर परिस्थिति में आपके साथ हैं सर। मैंने बस इतना कहा-

'मेरे लहजे में जी-हुज़ूर न था,
और कोई मेरा क़सूर न था।'

दो दिन बाद कॉलेज गया, सब काग़ज़ वग़ैरह वापस करने। तौक़ीर अनवर गाड़ी के पास छोड़ने आए, बोले यार मुझे बोलना नहीं आता और रोने लगे। मेरे विद्यार्थियों को पता चला कि मैं कॉलेज आया हूँ। बड़ी संख्या में आकर घेर लिए। उनकी आँखों में आंसुओं में दुःख और गुस्सा दोनों था। मैंने देर तक उनसे बातें कीं। शायद आख़िरी बार। उनके जाने के बाद गाड़ी में अकेले बैठकर अपने उस शज़र को देखता रहा, जिससे मुझसे छीन लिया गया था।

शाम को पता चला मेरे अपने दो सीनियर टीचर बोले 'जिस थाली में खाते हैं, उसी में छेद नहीं करना चाहिए।' 'बोलेंगे भी और नौकरी भी लेंगे।'

मुझे छोड़कर बाक़ी मेरे सभी साथी परमानेंट हो गये।

मैंने तय किया कि मैं इस अन्याय के ख़िलाफ़ आवाज़ बुलंद करूँगा। सवाल ये उठाया कि मुझे निकाले जाने की वजह बताई जाए। इसे निजी लड़ाई बनाने की बजाए बर्बाद होती उच्च शिक्षा से जोड़कर देखा। डीयू के कई प्रोफ़ेसरों ने साथ सवाल उठाया, हमने प्रेस कॉन्फ्रेंस की। एक शाम एक बुज़ुर्ग अम्मा का फ़ोन आया। रोते हुए कहने लगीं-

'बेटा लक्ष्मण, मेरी बेटी को भी आठ साल बाद निकाल दिया। जिसका हुआ उसने ख़ुद कहा कि इंटरनल कंडीडेट के लिए तो आधा रेट था। तुमने कोशिश नहीं की क्या? तब से वह डिप्रेशन में है। हम उसे लेकर हॉस्पिटल में हैं। कोई पूछने वाला नहीं। तुम्हारी हिम्मत देखी तो बस आशीर्वाद देने के लिए फ़ोन किया। बाक़ी तो सब मुर्दा हो गये हैं। इन पापियों को एक बूढ़ी माँ की हाय लगेगी।'

रोते हुए उस बूढ़ी माँ ने फ़ोन रख दिया। तभी देखा, एक परमानेंट हुए शख़्स ने ज्वाइनिंग की फ़ोटो लगाते हुए लिखा कि चंबल से मैं पहला प्रोफ़ेसर हुआ। अम्मा की आँख में आंसू हैं। इन दो माँओं के आंसुओं में फ़र्क़ है।

लड़ाई आज भी जारी है। क्योंकि ये लड़ाई मुझसे पहले से चली आ रही और मेरे बाद तक लड़ी जाएगी। हम एक पड़ाव थे, गुज़र गये। कैसे गुज़रे, इसका हिसाब वक़्त करेगा।

अगले दिन मोहम्मद शाकिर का सुबह फ़ोन आया। बोले ज्वाइन करने जा रहा हूँ कॉलेज, तुम्हारे बिना। हम एक साथ इस कॉलेज में आए थे, एक साथ आते रहे, आज से अकेले जाना पड़ेगा। फिर फ़ोन पर दोनों तरफ़ से चुप्पी और फ़ोन कट गया।